로켓 배송은 어디서 날아왔을까?

로켓 배송은 어디서 날아왔을까?

초판 1쇄 인쇄 2021년 7월 1일
초판 1쇄 발행 2021년 7월 8일

지은이 박종대

발행인 장상진
발행처 (주)경향비피
등록번호 제2012-000228호
등록일자 2012년 7월 2일

주소 서울시 영등포구 양평동 2가 37-1번지 동아프라임밸리 507-508호
전화 1644-5613 | **팩스** 02) 304-5613

ISBN 978-89-6952-467-6 03320

온 라 인 이 바 꾼 컨 슈 머 투 자 지 형 도

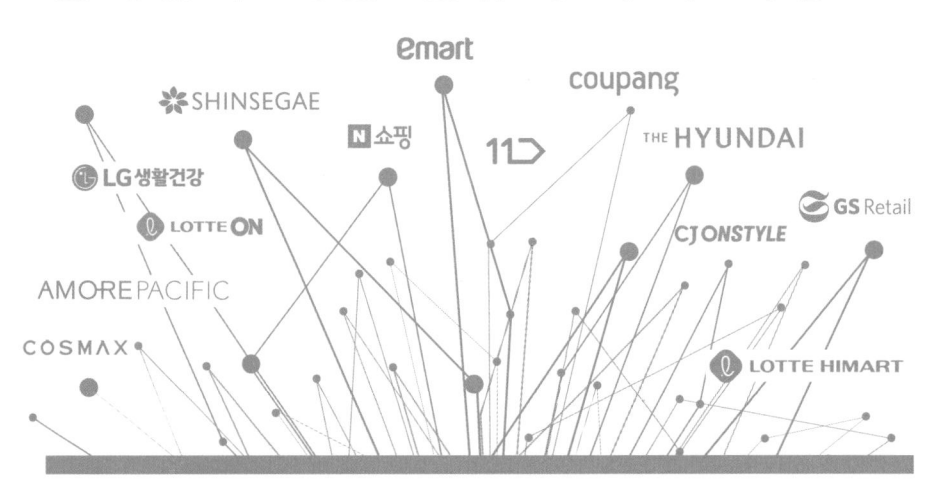

로켓 배송은 어디서
날아왔을까?

박종대 지음

How e-commerce has changed consumer investment dynamics?

온라인 컨슈머 시장 변화를 통해 미래를 예측하라!

경향BP

추천사

불과 몇 년 전만 해도 대형마트에서 아이를 카트 앞에 태우고, 카트에 쇼핑 물품을 담는 게 일반 가정의 주말 일상이었다. 이제 우리는 검색 사이트였던 네이버에서 쇼핑을 하고, 출근길에 쓱배송으로 저녁거리를 사고, 자기 전에 쿠팡으로 내일 필요한 물건을 주문하게 되었다.

우리 생활에 가장 밀접하고, 그래서 전통 산업으로 분류되는 유통업에서도 돌이켜 보면 어마어마한 지각 변동이 있었다. 지구가 비행기보다 빠른 속도로 자전하고 있는데, 그 속도를 느끼지 못하는 것처럼 유통 산업은 우리 생활과 너무 친숙한 산업이어서, 오히려 그 변화를 인지하지 못했던 게 아닐까?

저자는 경제주체로서 개인들의 소비 행태의 변화가 산업적 관점에서는 어떤 의미인지를 친절하게 설명해 주고 있다. 우리가 백화점에서 옷을 사고, 마트에서 장을 보던 활동들은 기업에게 어떤 진입장벽을 만들어 줬는지, 온라인화는 유통 카테고리별로 어떤 영향을 미쳤는지, 쿠팡의 등장이 유통 산업의 마진에 어떤 구조적 변화를 가져왔는지, 결과적으로 100조 원에 달하는 쿠팡의 기업가치는 투자자의 관점에서 어떻게 이해해야 하는지도 설명해 준다.

온라인화, 디지털화, 네트워크화는 유통 산업에서도 우리 삶의 모습을 바꿔 놓았고, 이런 변화는 투자자들에게 결정적인 기회를 제공해 왔다. 저자는 우리나라 유통 산업의 최근 10년 동안의 변화를 설명함으로써 새로운 10년에 대한 이야기를 하고자 한다. 이 책을 통해 과거를 복기함으로써 시장의 변화를 꿰뚫는 안목과 투자에서의 통찰력을 얻게 되길 바란다.

- 임은미, 신한BNP자산운용 주식운용 본부장(CIO)

유통과 소비재는 친숙해서 이해가 쉬운 업종으로 보이지만 트렌드가 급변하는 시기에는 방향성을 가늠하기가 무척 어려워진다. 나는 이런 때마다 패러다임의 전환을 위해 박종대 애널리스트로부터 조언을 구해 왔다. 이 책은 유통 소비재 분야 일타강사가 쓴 교재와 같다. 파편적으로 알던 지식들이 술술 꿰어 맞춰지는 느낌이 들 것이다.

- 최준철, 브이아이피자산운용 대표

어렸을 때 게임CD를 사기 위해 세운상가에 갔던 기억이 난다. 좋아하는 가수의 노래를 듣기 위해 음반 상가에 갔고, 책을 사기 위해 문고에 갔고, 옷을 사기 위해 백화점에 갔다. 어떤 물건이든 구입을 하려면 직접 매장에 방문을 해야 했다. 이제는 그럴 필요가 없다. 클릭 한 번으로 대부분의 물건을 구입할 수 있게 되었고, 쿠팡 같은 기업의 아이디어로 주문 당일에 물건을 받을 수도 있는 시대가 되었다.

한국 유통 시장의 변화가 정말 빠르다는 것을 요즘 더욱 체감하고 있다. 이런 변화로 인해 전통적인 오프라인 유통사(백화점, 슈퍼마켓, 할인점, 편의점 등)들의 시가총액은 과거 대비 크게 하락했고 전자 상거래 업체들의 시가총액은 상상 이상으로 커지고 있다. 쿠팡은 적자 기업임에도 한때 미국에서 시가총액이 100조 원을 돌파하기도 했다.

유통 산업은 사실 무겁고 다소 딱딱한 느낌이 든다. 하지만 온라인 시대의 유통은 달라지고 있다. 로켓배송, 새벽배송 등 혁신적인 아이디어로 무장한 신흥 유통 강자들이 고성장을 하면서 기존 시장을 장악하고 있고 기존 대형 업체들은 수성하기 위해 안간힘을 쓰고 있다.

빠른 변화가 이루어지고 있는 한국의 유통·소비재 시장을 날카롭게 분석한 새로운 책이 나왔다. 개인적으로 가장 존경하는 애널리스트인 박종대 연구원의 책이다. 그는 유통, 화장품 업종의 베스트 애널리스트로서 날카롭지만 가볍지 않고 사실을 기반으로 한 정확한 예측으로 정평이 나 있다. 그러면서도 개인 투자자들에게 늘 성의 있는 조언을 해 주는 개인 투자자들의 동반자이기도 하다.

이 책은 한국 유통·소비재 업종 투자의 나침반이 될 것이다. 아울러 이 책에는 유통 업종에 대한 예리한 분석은 물론이거니와 개인 투자자들을 배려한 그만의 따뜻한 언어가 잘 담겨 있다. 이 책을 통해 그와 함께 유통 여행을 떠나 보자. 주식 투자는 물론이거니와 세상 살아가는 재미도 느낄 수 있는 정말 훌륭한 책이다.

- 염승환, 이베스트투자증권 부장, 유튜브 '염승환의 시크릿 주주' 주인장, 『주린이가 가장 알고 싶은 최다질문 TOP 77』 저자

사람들이 나에게 "한국에서 소비재 산업과 기업들을 가장 잘 아는 사람이 누구냐?"를 물어 올 때 일말의 주저함 없이 대답한다. 하나금융투자의 박종대 애널리스트라고 말이다. 또 "신뢰할 만한 애널리스트는 누구냐?"라고 물어 올 때도 박종대라고 대답한다.

이 책의 저자는 20년 가까이 소비재 산업을 분석해 온, 머릿속이 오직 소비재 산업으로만 채워진, 그래서 유통 업체나 화장품 업체의 대표들도 자문을 구하는 전문가 중의 전문가이다. 한국 소비재 산업의 과거와 현재, 그리고 미래에 대해서 궁금한가? 베스트 애널리스트가 쉽게 설명하는 이 책 한 권이면 끝난다. 선택의 후회가 없을 것이다.

- 송선재, 블로그 '와이민, 투자자로서의 삶' 주인장, 『스스로 좋은 투자에 이르는 주식 공부』 저자

박종대 애널리스트는 애널리스트의 표준과 같은 사람이다. 가장 근면 성실하고 일을 열심히 하여 금융 시장에서는 무늬만 베스트가 아닌 진짜 베스트 애널리스트라고 불린다. 남자로서 화장품 산업과 유통업을 분석하면서 8년 연속 애널리스트 순위 1등을 계속 유지하고 있다는 게 믿어지지 않는 성과지만 그가 남보다 더 들여다보고 시간을 할애하면서 산업과 기업을 들여다보기에 가능했던 게 아닌가 싶다.

평소에도 입을 열면 이야기보따리를 풀어 주는 마법사같이 말을 하기 때문에 듣다 보면 한두 시간이 훌쩍 지나간다. 단순히 재밌는 것을 넘어서 인사이트를 담은 얘기를 쉽게 하기 때문에 늘 영양가 있는 얘기들을 하고, 그래서 그와의 만남은 알차고 즐겁다.

그의 첫 책은 그래서 유통과 화장품 산업과 관련이 있는 사람이 아니라도, 기대를 가지고 사서 읽어 보라는 말을 하고 싶다. 쉬운 설명이지만 인사이트풀한 그를 체험할 수 있을 것이다. '박부의 리테일 레터'라는 유튜브를 통해서도 그의 다른 메시지를 들을 수 있지만, 애초부터 그는 애널리스트고 글을 잘 쓰는 사람이니까.

- 채상욱, 포컴마스 CEO, 유튜브 '채상욱TV' 주인장, 『뉴스테이 시대, 사야 할 집 팔아야 할 집』 저자

머리말

온라인은 한국 컨슈머 시장을
어떻게 변화시켰는가?

2010년 이후 지난 10여 년 소비시장은 국내외적으로 어느 때보다 큰 격변기였다. 중국이 본격적인 소비 국가로 접어들면서 중국인들이 글로벌 명품/화장품의 블랙홀이 됐다. 중국 소비자들의 트렌드 변화에 따라 개별 업체들의 실적이 엇갈리고 있다. 일본 대지진은 한국 업체들에게는 반사이익이었지만, 사드 보복 조치는 큰 위협이 되기도 했다. 저성장과 스마트폰 보급률 확대로 인한 유통 시장의 온라인화는 모든 변화를 관통하는 공통분모일 것이다.

온라인화는 4차산업혁명, 언택트라는 말로 옷을 바꿔 입고 있지만 다 같은 말이다. PC/가전 카테고리는 온라인 채널 매출 비중이 50%를 넘었다. PC/가전은 물론 생활용품/의류/화장품, 결국 식품에 이르기까지 전방위적으로 온라인 채널은 유통 시장을 덮고 있다. 이런 온라인화는 특히 기존 메이저 1등 업체들에게 더 큰 부담과 위협으로 다가왔다. 2010년 이전은 오프라인의 시대였고, 1등 기업들의 모든 사업 구조가 오프라인 중심으로 짜여 있었기 때문이다.

백화점/대형마트/가전 양판과 같은 유통 업체는 물론 방문판매와 가맹사업, 또는 특정 허가권을 통해 진입장벽을 세우고 성장성과 수익성을 제고했던 많은 컨슈머 1등 기업이 온라인화로 휘청거렸다. 롯데쇼핑과 아모레퍼시픽이 그랬고, 코웨이와 한샘, 심지어 하나투어와 홈쇼핑까지, 글로벌로 보면 월마트와 JC페니, 베스트바이도 같은 소용돌이 안에 있다. 이들 가운데 상당수가 1등 자리를 내주었거나, 만신창이가 되어 무의미한 1등을 초라하게 유지하고 있다.

필자는 지난 15년 동안 컨슈머 시장 분석을 총망라하면서 2010년 이후 한국 컨슈머 시장 변동의 가장 큰 원천을 '온라인', '저성장', '중국인'으로 규정짓고자 한다. 이 3 요소가 어떤 방식으로 산업 구조와 개별 업체들의 펀더멘털에 영향을 줬는지, 그리고 그 결과로 기업가치는 어떻게 바뀌었는지 다양한 예와 근거를 갖고 설명하려고 한다. 이 책은 그 첫 번째로 '온라인화'에 대해 다룬다.

독자 입장에서 이해하기 쉽도록 최신 이슈부터 역순으로 전개하고, 꼬리에 꼬리를 무는 논리의 전개를 시도했다. 컨슈머 특히 유통 산업 이해의 기초라고 할 수 있는 부분들은 뒤에서 설명하거나, 중간중간에 두더지처럼 툭 튀어 나오게 되었다. 컨슈머 시장 전반을 큰 그림에서 이해하는 데 중점을 두었기에 디테일한 숫자들은 가급적 생략했다.

다음 편에서는 또 하나의 중요한 사업 환경의 변화인 '저성장'이 컨슈머 사업 환경에 미친 영향에 대해 살펴보고, 온라인화와 저성장에 개별 업체들이 어떻게 대응하는지, 업의 성격과 패권이 어떻게 변화해 가는지도 구체적으로 살펴볼 것이다. 그리고 마지막으로 '중국인'이라는 큰 신규 수요가 온라인화라는 산업 구조 변화와 맞물려 국내 컨슈머 업체들에게 어떻게 기회요인으로 작용했는지, 특히 면세점과 화장품 산업을 중심으로 살펴볼 계획이다.

기업은 유기체와 같은 생물이다. 어떤 현상과 변화를 맞이하면 가만히 있지 않고 반응한다. 긍정적인 변화에서는 더욱 강해지려고 하고, 위협적인 변화에서는 극복하거나 적응하려고 애쓴다. 어떤 방식으로든 진화한다. 동일한 현상과 변화를 맞이하는 개별 기업들의 대응은 그 여건과 경영진의 판단에 따라 다르다. 그래서 현상이 산업에 미치는 영향은 같지만, 기업의 결과는 제각각이다. 온라인화로 인해 모든 오프라인 유통 업체들이 나빠지는 게 아니고, 중국 인바운드 확대로 인해 모든 면세점 업체들이 좋아지는 게 아니다.

그러므로 당연히 현상 자체가 투자 판단의 전부가 될 수 없다. 구조적 접근은 곧잘 일반화의 오류로 이어지곤 한다. 따라서 어떤 변화가 산업과 기업에 영향을 미치는 정도를 분석하는 톱다운Top-Down 접근도 중요하지만 개별 기업들의 역량과 경영 전략에 대한 디테일을 파고 들어가는 보텀업Bottom-Up 접근이 중요할 때가 많다. 이 책이 투자자들에게 한국 컨슈머 시장을 이해하고 바람직한 투자 전략을 수립하는 데 도움이 되기 바란다.

어머니의 은혜는 감히 말로 설명할 수 없다. 항상 건강하시기를 기도한다. 장인어른과 장모님의 무한한 격려와 지원에 감사드린다. 두 분이 아니었으면 지금과 같은 성과를 낼 수 없었다.

삶과 연구의 지표가 되어 주신 은사 구성열 교수님께 이 책을 드릴 수 있어서 기쁘다. 주니어 애널리스트 시절 기업분석의 기본을 잡아 주신 조익재 전무님(전 하이투자증권 리서치센터장), 민영상 상무님(CJE&M), 심준보 대표님(BOCHA)의 가르침도 잊을 수 없다.

이 책에는 지난 10여 년 동안 리서치를 함께해 준 RA 연구원들의 땀과 노력이 깊이 배어 있다. 황용주(교보증권 VC사업부 심사역), 이화영(전 하나금융투자 리서치센터 애널리스트), 이찬휘(타임폴리오 자산운용 펀드매니저), 유민선(국민연금 기금운용본부 전임운용역), 배송이(KTB투자증권 리서치센터 애널리스트), 서현정(하나금융투자 리서치센터 애널리스트) 등의 영민함과 헌신이 있었기에 훌륭한 리포트를 쓸 수 있었고, 베스트 애널리스트가 될 수 있었고, 이 책도 나올 수 있었다. 이제 각자 영역에서 훌륭한 인재로 거듭나고 있어서 뿌듯하다.

무심한 남편이 일만 하고 있을 때 아내는 홀로 아이를 기르고, 묵묵히 살림을 꾸리며, 뒷바라지를 했다. 내 삶의 가장 큰 의미, 아내 서진과 아들 준하에게 이 책을 바친다.

박종대

차 례

추천사   05

머리말   온라인은 한국 컨슈머 시장을 어떻게 변화시켰는가?   10

1장
쿠팡 기업가치 100조 원의 논리

■ 쿠팡, 한국 온라인 유통 절대적 1위 사업자로 인정   22

■ 대형마트 인수 가능성은 제한적   27

■ 11번가나 티몬의 밸류에이션도 올라갈까?   29

■ 매출 14조 원에도 적자인 기업의 가치   31

■ 쿠팡의 기업가치는 100조 원이 넘을 수도 있다   35

■ 아마존 학습 효과: PER 100배의 기억   41

■ PER 100배 밸류에이션이 어떻게 가능한가?   45

    고성장 온라인 유통 기업의 중·장기 영업 레버리지   48

    밸류에이션 격차의 정당성   50

    온라인 유통은 영업이익률이 중요하지 않다   52

2장
온라인 유통 시장 특징 제대로 알기

- 온라인화는 ASP의 하락이다 — 56
- 다나와가 용팔이를 무너뜨리다 — 61
- 유통은 최소한 '안방은 지키는 비즈니스'였다 — 66
- 진입장벽 하락과 마진 구조의 변화 — 69
- 마진에 대한 가정이 깨지다 — 72
- 소비의 국경선이 소멸되다 — 75

3장
소비 밸류체인과 경제주체들은 누구인가?

- 가계-유통-브랜드-OEM/ODM — 82
- 가계의 소비 패턴 변화에 주목하라 — 86
  - C: 예산, 가계 구매력 — 87
  - P: 가격, 인플레이션 — 93
  - Q: 재화의 양과 종류, 소비 패턴 — 95
  - 온라인 유통 확대의 최대 수혜자 — 95
- 유통 업체 P와 Q가 모두 하락하다 — 97

■ 홈쇼핑: 최고의 마케팅 채널   **102**

  물건값보다 TV 홈쇼핑 수수료가 많다?   **102**

  그래도 홈쇼핑을 계속 찾는 이유   **104**

■ 편의점: 수요-공급 불균형의 반복   **107**

  최저임금 덜 오르자 편의점 다시 늘었다?   **109**

4장
온라인화가 소비 밸류체인에 끼친 영향 1 : 가전 양판~대형마트

■ 카테고리 표준화가 많이 된 순서로 침투   **114**

■ 가전 양판: 온·오프라인의 딜레마   **118**

  민간 소비 이상의 성장 가능   **118**

  가장 먼저, 강하게 침투할 수 있는 카테고리   **120**

  가전 양판 업체의 한계와 고민   **122**

■ 케이스 스터디: 베스트바이 vs. 롯데하이마트   **126**

  베스트바이: 아마존의 위협에서 살아남다   **126**

  롯데하이마트: 구조적 한계 극복 중   **132**

■ 백화점: 온라인화로 이중고   **139**

  백화점에서 브랜드로 헤게모니 이동   **139**

  한국에서 백화점이 건재한 이유   **143**

■ 중간 유통 업체: 비즈니스 모델에 근본적인 위협   **152**

■ 대형마트: 식품 시장, 마지막 오프라인의 보루   **156**

    온라인 유통이 사업이 되기 위한 조건   **156**

    식품 온라인 사업 환경 개선   **157**

    외형만 커진 식품 온라인 시장과 유통 업체들   **161**

■ 케이스 스터디: 월마트 vs. 이마트   **164**

    월마트: 오프라인 경쟁력으로 온라인까지 1위를 하다   **164**

    이마트: 사업 확장에도 실적이 부진했던 이유   **172**

    롯데마트와 홈플러스는 문 닫는데 이마트는 신규 오픈하는 이유   **174**

    물류 인프라의 역할: 2016년의 기억   **177**

    오프라인 인프라의 가치 부각   **179**

5장
온라인화가 소비 밸류체인에 끼친 영향 2 : 온라인 유통

■ 온라인 유통 시장의 재편   **190**

    온라인 유통 사업에 대한 고민   **190**

    2018년 이후 온라인 시장에 일어난 변화   **193**

■ 온라인 유통 삼국시대   **197**

    네이버는 왜 가격 비교 사이트를 만들었나?   **197**

    네이버: 국내 최대 온라인 유통 플랫폼 업체로 등극   **200**

쿠팡: 국내 최대 온라인 유통 회사   205

쿠팡/네이버쇼핑/쓱닷컴의 역학 관계: 긴장과 협력   208

이마트의 이베이코리아 인수: 판을 흔들다   211

중소형 온라인 유통 업체의 위축은 불가피   215

마켓컬리: 새벽배송은 마케팅이다   219

롯데온: 공성보다는 수성 전략   224

소비자 후생의 필연적 감소   226

■ 이마트 물류센터는 안전할까?   229

쿠팡: 랜덤 스토 방식, 공산품 한계   230

마켓컬리: DAS, 새벽배송의 제약   231

쓱닷컴: DPS, 자동화로 인력 최소화   233

오카도: 그리드 로봇, 현존하는 가장 효율적인 시스템   235

6장
온라인화가 소비 밸류체인에 끼친 영향 3 : 브랜드~OEM/ODM

■ 브랜드: 양극화 가속   238

브랜드력이 모든 걸 가른다   238

브랜드 업체들의 유통망에 대한 접근 방식   240

브랜드 업체의 수익성에는 끝이 없다   243

브랜드력이 높은 업체: 성장성과 수익성 모두 제고   246

브랜드력이 낮은 업체: P와 Q 모두 하락   248

1등 업체들의 한계와 위기   250

■ OEM/ODM 기술 진입장벽에 따른 차별화   **255**

OEM/ODM/OBM의 차이   **255**

OEM/ODM 업체의 경쟁력   **258**

영업이익률 10%를 넘기 힘든 이유   **262**

화장품 ODM 업체들 사업 확장의 기회   **265**

7장
컨슈머 업종 투자자를 위한 조언

■ 온라인화 10년의 결과   **270**

■ 컨슈머 투자의 3가지 원칙   **276**

쿠팡 기업가치
100조 원의
논리

쿠팡, 한국 온라인 유통 절대적 1위 사업자로 인정

쿠팡의 2020년 매출은 YoY 95% 증가한 13.9조 원, 영업 손실 규모는 약 5,500억 원으로 전년 대비 1,700억 원 줄었다. 코로나19 확산에 따른 일회성 비용 증가를 감안하면 실질적인 손실 폭은 훨씬 작았을 가능성이 크다. 이에 따라 영업활동현금흐름이 처음으로 플러스로 전환하여 6천억 원을 넘겼으며, 향후 영업흑자 전환 가능성도 높아졌다.

2020년 쿠팡 거래액 규모는 약 22조 원으로 추정하는데, 국내 온라인 유통 시장점유율은 2020년 14%, 2024년 23%에 이를 것으로 추정한다. 2020년 12월 기준 최근 3개월간 쿠팡에서 1가지 이상의 제품을 산 사람들은 1,485만 명으로 2018년 대비 62% 증가했다. 이 가운데 로켓와우 멤버십 가입자는 약 470만 명으로 32%에 이른다. ARPU**Average Revenue Per User: 가입자당 평균 매출**도 꾸준히 늘고 있다. 2020년 1명의 소비자가 쿠팡에서 구매하는 금액은 분기당 평균 256달러로 2018년 대비 2배 이상 커졌다.

　뉴욕 증권거래소 상장 첫날 시가총액은 100조 원까지 도달한 바 있다. 2021년 예상 매출 19조 원을 기준으로 하면 PSR**Price Sales Ratio** 5배가 넘는다. 알리바바가 PSR 5배, 아마존이 3.5배에 거래되고 있다. 알리바바와 아마존의 시장점유율이 40%를 훨씬 넘는 데 반해, 쿠팡은 20%에도 채 미치지 못한다는 점을 생각하면 상당히 파격적인 밸류에이션이라고 할 수 있다.

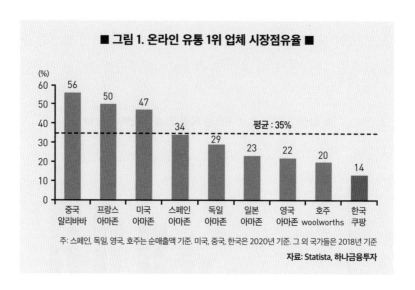

■ 그림 1. 온라인 유통 1위 업체 시장점유율 ■

주: 스페인, 독일, 영국, 호주는 순매출액 기준. 미국, 중국, 한국은 2020년 기준. 그 외 국가들은 2018년 기준

자료: Statista, 하나금융투자

　쿠팡이 한국 온라인 유통 시장의 실질적인 1위 업체로서 막대한

직매입/물류/배송 및 IT 역량을 기반으로 향후 시장점유율을 확대할 것이라는 데 이견은 없어 보인다. 2020년 온라인 유통 시장이 YoY 17% 성장하는 가운데, 경쟁 업체라고 할 수 있는 11번가/G마켓/위메프/티켓몬스터 등의 거래액 증가율이 거의 정체됐다. 네이버와 이마트가 경쟁 관계에 놓일 수 있으나, 네이버는 온라인 플랫폼 업체로서 추구하는 바가 사뭇 다른 만큼 경쟁과 동시에 협력 관계가 가능하다. 이마트는 식품 온라인 시장에 특화돼 있어 공산품이 주 카테고리인 쿠팡과 경쟁 관계라고 보기 어렵다.

쿠팡의 상장 효과는 크다.

첫째, 자본 확충과 신규 투자 확대다. 쿠팡은 자본 확충이 절실한 상황이었다. 계속된 영업 손실로 누적 적자가 4조 원이 넘고, 2020년도 3,500억 원 이상 완전자본잠식 상태였다. 쿠팡은 이번 상장을 통해 50억 달러를 조달하여 물류 및 쿠팡잇츠와 쿠팡플레이 등 신사업

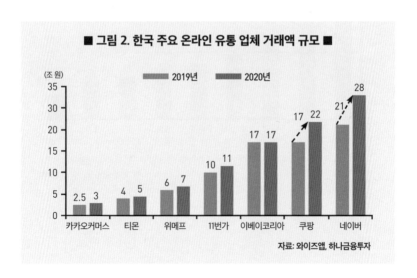

■ 그림 2. 한국 주요 온라인 유통 업체 거래액 규모 ■

자료: 와이즈앱, 하나금융투자

■ 표 1. 쿠팡의 실적 추이와 전망 ■

(단위: 십억 원)

	2016	2017	2018	2019	2020
온라인 유통 시장 규모	77,296	94,186	113,314	136,601	159,438
YoY(%)	21.4	21.9	20.3	20.6	16.7
시장점유율(%)	4.5	4.4	6.9	12.5	13.8
거래액(추정)	3,450	4,140	7,800	17,100	22,000
매출	1,916	2,685	4,355	7,153	13,924
YoY(%)	69.0	40.1	62.2	64.3	94.7
매출원가	1,526	2,167	4,143	5,950	11,583
매출총이익	390	518	212	1,203	2,341
판관비	955	1,157	1,340	1,924	2,891
인건비	566	655	1,012	1,425	2,735
물류/배송 인원(천 명)	3	17	25	30	40
인당 매출(백만 원)	766	158	174	238	348
영업이익	(565)	(639)	(1,128)	(721)	(550)
세전이익	(562)	(674)	(1,142)	(724)	(614)
당기순이익	(562)	(674)	(1,145)	(723)	(614)
유동자산	638	681	1,355	1,869	2,761
현금성자산	363	176	642	816	1,072
매출채권	20	46	29	74	78
재고자산	148	288	423	712	1,232
비유동자산	382	392	449	1,192	2,359
유동부채	619	986	1,476	2,151	3,964
매입채무	248	489	644	924	1,581
미지급금	312	434	679	914	1,592
비유동부채	84	347	365	861	1,514
자본총계	318	(261)	(38)	49	(359)
영업활동현금흐름	(486)	(445)	(761)	(209)	601
투자활동현금흐름	(253)	(117)	(111)	(323)	(682)
재무활동현금흐름	444	376	1,342	707	343

자료: 쿠팡, 하나금융투자

에 투자할 방침이다. 2020년 8.7억 달러를 투자해 7개 지역 물류센터를 설립했는데, 2025년까지 30개 도시에 150개 이상 물류센터를 보유한다는 계획이다. 약 70만 3,800여 평, 축구장 400개 규모로 70% 한국 인구가 쿠팡 물류센터 7마일(11km) 이내에 거주하게 될 것이라고 공언하고 있다. 현재 4만 명의 물류/배송 인력이 당일 및 익일 배송을 위해 영업 중이며, 2021년 풀필먼트 서비스를 본격화할 계획이다.

둘째, 소프트뱅크의 수익률/평판 제고다. 쿠팡 상장의 최대 수혜자는 소프트뱅크다. 소프트뱅크는 비전펀드 등을 통해 2015년(10억 달러), 2018년(20억 달러) 두 차례에 걸쳐 30억 달러(약 3.3조 원)를 투자했으며, 쿠팡 지분 38%를 보유하고 있다고 알려져 있다. 쿠팡이 900억 달러 기업가치를 평가받으면 소프트뱅크(비전펀드)가 보유한 쿠팡 지분 가치는 340억 달러, 즉 1,000% 이상 투자수익을 얻게 된다.

대형마트
인수 가능성은 제한적

　자본 확충으로 쿠팡이 홈플러스를 인수할 수 있다는 뉴스가 있는데 가능성은 상당히 낮다는 판단이다. 투자비 대비 기대되는 성과가 크지 않기 때문이다. 한국 온라인 유통 시장에서는 공산품이 85%다. 식품은 15% 정도에 불과하다. 쿠팡은 공산품에 초점을 맞추고 있으며, 압도적인 성과를 내고 있다. 그런데 홈플러스를 인수한다는 말은 식품 온라인 시장에 본격적으로 진입해서 15% 시장을 두고 이마트와 경쟁한다는 것을 의미한다.

　식품 온라인 시장 규모는 공산품에 비해 훨씬 작지만 투자비는 상당히 많이 들어간다. 우선 홈플러스를 인수하는 데 4조 원 내외가 소요될 수 있다. 홈플러스 인수만으로 끝나지 않는다. 홈플러스 인수는 식품 카테고리 바잉 파워와 고객 베이스, 재고소진 창구를 구축했다는 의미일 뿐 식품 온라인 시장에서 의미 있는 사업자가 되기 위해서는 추가적인 물류 인프라가 필요하다. 이마트/롯데쇼핑같이 PP**Picking & Packing**센터 리모델링도 필요하고, 쿠팡의 기존 물류센터와 다른 이마트 네오센터 유형의 풀필먼트 센터, CA**Controlled Atmosphere** 저장고도 필요하다. 2조 원 내외 비용이 더 들어가야 하고 완공되는 데도 시간이 2~3년 추가로 소요된다.

2~3년 후면 이마트 물류 인프라는 서울 동북센터는 물론 부산/인천까지 세트업을 마칠 수 있다. 쿠팡이 가져갈 수 있는 식품 온라인 시장 규모를 전체 식품 온라인 시장의 30% 수준이라고 가정하면, 식품 온라인 시장이 전체 온라인 유통 시장의 15% 정도 되니, 쿠팡 입장에서는 전체 온라인 유통 시장점유율을 5%p 상승시킬 수 있는 사업 크기다. 그런데 5%를 가져오기 위한 작업치고는 투자금과 불확실성이 크다. 차라리 85% 공산품 시장에서 10~20%p 시장점유율을 더 올리는 투자가 훨씬 수월하고 가시성도 높다. 아마존도 2018년 홀푸드 마켓을 인수했지만 월마트의 막강한 식품 인프라를 이기지 못하고 2019년 식품 온라인 시장점유율 1위를 월마트에 내주었다는 점을 상기할 필요가 있다.

11번가나 티몬의
밸류에이션도 올라갈까?

쿠팡이 100조 원에 상장되면서 11번가의 매각 가격이나 티몬의 IPO 가격이 올라갈 것이라는 기대감이 있다. 이 역시 가능성이 상당히 낮다는 판단이다. 쿠팡이 높은 밸류에이션을 받는 것은 한국 온라인 유통 시장의 절대적 사업자로 인정받았기 때문이다. 즉 11번가나 G마켓, 티몬 등 경쟁 업체들의 도태를 전망했다는 말과 같다. 실제로 2020년 쿠팡 매출이 90% 이상 증가하는 사이에 11번가 등 경쟁 업체들의 거래액은 10%도 채 증가하지 않았다.

오프라인 유통은 '거리'가 소비자 Lock-In 장치가 될 수 있다. 그래서 대형마트 시장이 커지는 상태라면 이마트와 롯데마트의 실적 전망과 밸류에이션이 같이 상승할 수 있다. 하지만 온라인은 '거리' 개

넘이 없기 때문에 시장점유율이 얼마까지 커질 수 있을지 모른다. 전체 온라인 유통 시장이 커지더라도 한 회사로 집중되는 경향이 훨씬 강하다. 알리바바와 아마존의 시장점유율은 40%를 훌쩍 넘는다.

쓱닷컴과 네이버쇼핑의 실적이 같이 크게 증가하는 것은 서로 지향하는 바와 타깃 시장이 다르고, 각각 다른 형태로 온라인 유통 시장 시장점유율을 확대하고 있기 때문이다. 쿠팡은 직매입/배송 인프라를 기반으로 온라인 유통 시장 실질적 1위 사업자로서의 입지를 강화하고 있으며, 쓱닷컴은 식품 온라인 시장 포털 사이트로 자리매김하고 있다. 네이버쇼핑은 플랫폼 업체로 쿠팡과 쓱닷컴을 숍인숍으로 흡수하면서 고객 트래픽을 확대하고 있다. 하지만 11번가/G마켓/티몬은 오픈마켓으로 쿠팡 및 네이버쇼핑 수요와 100% 겹친다. 쿠팡의 물류센터 투자가 확대되면 이들의 입지는 더욱 빠르게 약화될 수 있다.

매출 14조 원에도 적자인 기업의 가치

　많은 투자자가 쿠팡의 시가총액에 대해 큰 의문을 갖는다. 대체 매출이 14조 원이나 되는데도 아직 영업적자를 기록하는 회사에 무슨 가치를 부여할 수 있느냐는 것이다. 일리 있는 말이다. 기업가치는 결국 기업의 이익에서 창출되는 것인데 대체 얼마나 매출을 일으켜야 이익을 낼 수 있는 것일까? 이익의 규모는 얼마까지 증가할 수 있을까? 쿠팡의 기업가치는 어디서 창출되는 것일까?

　쿠팡이 매출 14조 원에도 불구하고 영업적자가 나는 이유는 크게 2가지다.

　첫째, 싸게 팔고 있다. 쿠팡의 GPM^{Gross Profit Margin: 매출총이익률}은 15%밖에 되지 않는다. 쿠팡 매출은 직매입 상품과 오픈마켓 방식 3자 거래로 구분되는데, 3자 거래는 수수료만 매출과 GPM으로 반영된다는 점을 감안하면 실제 직매입 상품의 GPM은 더 낮을 수 있다. 일반적인 오프라인 유통 업체들의 GPM이 25~30%라는 점을 감안하면 대단히 낮은 수준이다. 싸게 팔고 있다는 말인데 경쟁 심화 때문일 수도, 재고에 대한 부담 때문일 수도 있다. 경쟁 심화는 같은 오픈마켓 등 온라인 업체들과의 가격 경쟁을 말한다. 실제로 오픈마켓 업체들은 판매 수수료를 매출의 10% 내외로 받고 있으며, 네이버쇼핑은 5%에 불과하다. 판매수수료가 낮으면 그만큼 가격을 내릴 수 있다.

아울러 직매입에 의한 재고 부담도 크다. 재고는 보관비가 들어가고, 팔리지 않을 경우 폐기해야 한다. 쿠팡은 물류비 부담 때문인지 종종 큰 폭의 가격 할인 행사를 진행한다. 클리오와 LG생활건강 같은 업체들이 쿠팡에서 철수하는 이유도 가격 교란 우려 때문이다.

둘째, 판관비 부담이 높다. 오픈마켓 업체들은 물류와 인건비 등 고정비 부담이 거의 없다. 그런데 쿠팡은 판관비율이 21%에 이른다. 2020년 거의 2.9조 원이 판관비로 지출되었다. 배송 인프라와 인력을 내재화했기 때문이다. 이런 배송 서비스는 고정비 부담이 큰데, 쿠팡은 월 2,900원을 받고 거의 무료로 제공하고 있다.

온라인 유통의 사업가치는 단기적인 이익이 아니라 절대적 시장점유율에 있다고 볼 수 있다. 그건 매출이고, 고객의 트래픽이다. 그 절대적 시장점유율에 오르기 전까지 영업 손실 자체는 중요하지 않다. 점차 BEP^{Break-Even Point}로 다가가고 있다면 괜찮다. 지금 쿠팡이 이렇다.

절대적 시장점유율은 곧 막대한 고객 트래픽이고, 이는 줄기세포와 같아서 어떻게 사업 영역이 확대될지 모른다. 네이버와 카카오 같은 플랫폼 업체들의 밸류에이션이 산술적인 계산이 어려울 만큼 높은 이유가 여기에 있다. 온라인 유통 시장도 이와 같아서 PSR 기반 밸류에이션은 이러한 높은 잠재 성장 여력에 기반하고 있다고 볼 수 있다. 일단 광고 마케팅 수익이 크게 증가할 수 있다. 네이버쇼핑이 판매수수료를 5%만 받아도 사업을 영위할 수 있는 이유는 광고 마케팅 수익 때문이다. 기존 오프라인 유통 업체들이 판매수수료를 기반으로 사업 모델을 세웠던 것과는 판이하게 다르다.

아울러 절대적 시장점유율을 확보하게 되면 바잉 파워Buying Power가 강해지기 때문에 매입단가를 낮출 수 있다. 미국에서 나타나는 '아마존 효과' 가운데 하나다. 아마존의 협상력이 지나치게 커져서 브랜드/벤더들이 마진 압박에 시달리는 것이다. 이미 이때는 시장점유율

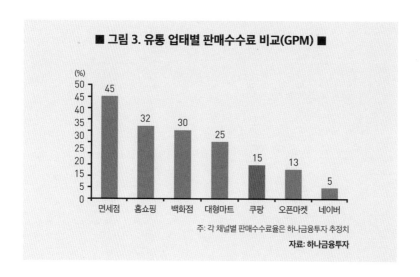

■ 그림 3. 유통 업태별 판매수수료 비교(GPM) ■

주: 각 채널별 판매수수료율은 하나금융투자 추정치

자료: 하나금융투자

이 월등히 높기 때문에 벤더들은 다른 유통 업체로 이동하기 어렵다. 매출 규모가 대단히 크기 때문에 매입단가를 조금만 낮춰도 이익은 크게 증가할 수 있다. 쿠팡의 경우 2020년 기준 0.1%p만 GPM이 좋아져도 영업이익은 1,400억 원이나 증가할 수 있다.

오히려 쿠팡의 불확실성은 전술한 바와 같이 클리오와 LG생활건강처럼 여차하면 쿠팡에서 철수하는 브랜드/벤더들이 있다는 데 있다. 아직 절대적 시장점유율을 확보하지 못했기 때문에 쿠팡의 조건에 따라 진출과 철수를 결정할 수 있는 것이다.

쿠팡의 기업가치는
100조 원이 넘을 수도 있다

　시장점유율 14%라는 수치가 처음에는 밸류에이션 할인 요인으로 작용할 수 있었다. 하지만 역으로 생각해서 만일 쿠팡이 향후 절대적 시장점유율이 미국의 아마존처럼 40% 이상까지 상승할 게 자명하다면 아마존보다 오히려 성장 여력이 크다고 볼 수도 있다. 더구나 한국 온라인 유통 시장 규모는 전 세계 5위이며, 침투율 측면에서는 중국에 이어 2위다. 이런 큰 시장에서 절대적 1위 사업자라면 밸류에이션 프리미엄이 가능할 수 있다.

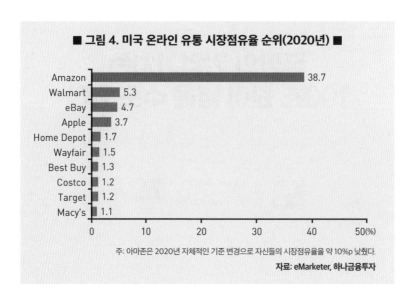

■ 그림 4. 미국 온라인 유통 시장점유율 순위(2020년) ■

주: 아마존은 2020년 자체적인 기준 변경으로 자신들의 시장점유율을 약 10%p 낮췄다.

자료: eMarketer, 하나금융투자

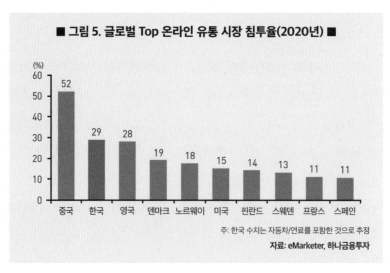

■ 그림 5. 글로벌 Top 온라인 유통 시장 침투율(2020년) ■

주: 한국 수치는 자동차/연료를 포함한 것으로 추정

자료: eMarketer, 하나금융투자

한국 온라인 유통 시장에서 쿠팡 실적은 얼마나 커질 수 있을까? 아마존은 지금도 시장점유율이 상승하고 있다. 한국 온라인 시장에서 중·장기적으로 쿠팡이 시장점유율 50%를 가져간다고 하자. 그 이상은 무리가 있다. 우선 독과점에 대한 부담이다. 아마존도 최근에 갑자기 시장점유율을 스스로 10%p 낮춰 공표한 바 있는데 반독점법 위반 논쟁이 부담으로 작용한 것으로 보인다. 아울러 특수한 상품과 기호, 산지 직접 구매, 개별 브랜드 업체들의 자체 온라인몰 등 나름의 고유 영역이 있다. 중국 알리바바의 시장점유율은 80%였다가 전체 온라인 유통 시장이 커지면서 2019년 오히려 54%까지 떨어졌다.

중·장기적으로 한국 소매 판매 시장 규모 500조 원[1], 온라인 침투율 60%를 가정한다. 2020년 한국 온라인 침투율이 43.5%, 중국이 52%라는 점을 감안하면 중·장기적으로 60%까지 상승할 가능성이 있을 것으로 보인다. 이때 온라인 유통 시장 규모는 300조 원, 쿠팡 시장점유율 50%를 가정하면 거래액 150조 원, 3자 거래 비율을 감안하면 쿠팡 매출 규모는 88조 원이 된다.

절대적인 시장점유율을 확보하게 되면 바잉 파워 확대로 점진적인 매입 단가 하락을 유도할 수 있고, 광고 마케팅 수입 등 추가적인 수익 사업이 가능하기 때문에 가파른 수익성 개선을 도모할 수 있다. 쿠폰이나 프로모션을 줄이면서 GPM 개선을 도모할 수 있으며, 배송비를 소비자에게 일부 전가할 수도 있다.

---

1 2020년 자동차 및 연료 제외 370조 원 감안 시 2027년 도달 가능

■ 표 2. 세계 이커머스 시장 규모 순위 ■

(단위: 십억 달러)

		2019	2020	증가율
1	중국	1801.53	2089.78	16.0%
2	미국	601.65	709.78	18.0%
3	영국	133.92	153.61	14.7%
4	일본	123.45	130.61	5.8%
5	한국	87.08	104.06	19.5%
6	독일	79.47	92.33	16.2%
7	프랑스	66	77.27	17.1%
8	인도	42.58	51.52	21.0%
9	캐나다	32.49	39.22	20.7%
10	스페인	26.77	32.89	22.9%

주: 2020년 실제 한국 온라인 유통 시장 규모는 159조 원으로 더 크다.

자료: eMarketer, 하나금융투자

아마존의 온라인 유통 사업 영업이익률이 3~4% 정도 된다. 쿠팡의 중·장기 영업이익률 5%로 가정하면 영업이익 4.7조 원, 기타 영업외손익이 없다고 가정하면 당기순익 3.6조 원, 압도적 시장 지위로 PER^{Price Earning Ratio} 30배를 적용하면 107조 원이 된다. 굉장히 공격적인 가정이라고 할 수 있다. 2020~27년에 연평균 30% 이상 거래액이 증가해야 한다. 이때가 되면 산업 성장률이 YoY 10% 이하로 하락하고, 쿠팡 매출 성장률도 산업 성장률을 넘어서기 어려울 수 있는데, 과연 30배라는 PER를 적용할 수 있을지 의문이다. 아울러 이렇게 공격적인 가정을 해도 7년 후 적정 시가총액을 할인율 없이 선반영한 것이 된다.

■ 표 3. 쿠팡의 실적과 밸류에이션 가정 ■

(단위: 십억 원)

	2020년		2027년
전체 소매 판매 시장 규모	370,488		500,000
온라인 시장 침투율	43.0%		60%
온라인 유통 시장 규모	159,438		300,000
쿠팡 점유율	**13.8%**		**50%**
쿠팡 거래액	**22,000**		**150,000**
쿠팡 매출	**13,924**	→	**94,934**
영업이익	-550		4,747
영업이익률			5%
당기순이익	-614		3,560
적정 PER			**30배**
적정시가총액			**106,800**

자료: 쿠팡, 하나금융투자

　　다만 쿠팡이 국내 온라인 유통 시장 절대적 사업자로 자리매김할 경우 막대한 트래픽을 이용하여 다양한 사업을 전개할 수 있는 플랫폼 회사 성격을 갖기 때문에 그 잠재 가치는 밸류에이션 프리미엄 요인이 될 수 있다. 아마존의 유료 멤버십 서비스 '아마존 프라임'은 연 99달러(약 11만 원)에 주문 후 2일 내 무료 배송, 무료 음악 스트리밍 및 내려받기, 무료 프라임 비디오 등 혜택을 제공한다. 아마존 프라임 회원 객단가는 일반 고객 대비 2배 이상 높다고 한다. 만족도 높은 배송과 부가 서비스가 매출 상승을 촉발한 셈이다. 온라인 유통 플랫폼을 장악한 다음에 할 수 있는 사업과 시너지의 범위는 매우 넓다. 인터넷 포털 사이트 네이버의 확장성에 결코 뒤지지 않을 것이다.

아마존과 비교할 때 쿠팡은 사업 구조와 지역 확장성이 열위에 있는 게 사실이다. 아마존은 클라우딩 서비스라는 또 하나의 사업을 크게 전개하고 있고, 글로벌 1위 사업자로 자리매김한 지 오래다. 2020년 연간 영업이익 229억 달러 가운데 절반 이상(135억 달러)이 클라우딩 서비스 사업에서 나왔고, 성장률 측면에서도 온라인 유통 사업에 비해 떨어지지 않는다. 그 밖에 수많은 신규 투자를 전개하고 있으며 영국과 독일, 스페인 등 글로벌 온라인 유통 시장에서도 1위 사업자로 성장 여력을 키우고 있다.

반면에 쿠팡은 잇츠나 OTTOver The Top 등 신규 사업을 확대하고 있으나 아직 미미하고, 해외 진출을 논하기에는 무리가 있다. 해외 진출은 시장 선점이 아니라면 어렵다고 봐야 한다. 현재 동남아 시장은 '쇼피'와 '알리바바'가 치열한 경쟁을 벌이고 있다.

아마존 학습 효과:
PER 100배의 기억

 쿠팡에 대해 이렇게 미국 시장이 고평가하는 이유는 아마존 학습 효과라고 할 수 있다. 아마존은 2010년 초 온라인 유통 시장에 본격 진입하면서 역마진 MS**Market Share: 시장점유율** 확대 전략으로 현재도 12MF PER 46배를 적용받고 있다. 아마존의 가장 핵심적인 기본 전략은 다양한 상품**Large Selection**, 높은 편의성**Greater Convenience**, 최저 가격**Lower Price**을 기반한 MS 확대였다.[2]

 이러한 예는 1995~98년에 도서에서 음반으로 카테고리를 확장할 때부터 확인할 수 있다. 1997년 6월 음악 서비스 사업을 시작했고,

---

2 류영호, 아마존닷컴 경제학, 2012, p. 111.

13만 개 CD 타이틀을 보유하면서 론칭한 지 불과 3개월 만에 미국에서 가장 큰 온라인 음원 유통사로 자리 잡았다.[3]

전자책 시장 진입 시에도 이러한 전략은 계속되었다. 2009년부터 본격적인 성장 국면에 접어든 전자책 시장에서 아마존은 단기적인 이익보다 역마진으로 전자책 콘텐츠를 판매하면서 MS 확대에 주력했다. 2010년 아마존과 맥밀란(출판사)의 논쟁을 보면, 아마존의 시장점유율 확대에 대한 '집착'을 분명히 알 수 있다. 당시 아마존은 최신 베스트셀러를 무조건 10달러에 판매하는 정책을 취했다. 출판사에게는 표시가격(28.47달러)의 50%(로열티 14.24달러)를 지불하면서 권당 5.25달러의 손실을 보았다. 킨들 기반 전자책 시장 선점을 위해서다.

이에 대해 맥밀란은 정상 가격으로 판매해 주길 요청했다. 특이한 점은 맥밀란이 요구한 로열티(9.79달러)가 아마존이 제시한 가격보다 낮다는 점이다. 즉 아마존 측이 제시한 조건이 맥밀란 수입에는 더 긍정적이었다. 그럼에도 불구하고 맥밀란이 이를 거부한 것은 아마존의 전자책 시장 독점 우려 때문이었다. 단기적으로는 이익이 되겠지만, 중·장기적으로 아마존이라는 대형 유통 업체에게 시장의 헤게모니가 집중되는 것을 원치 않은 것이다.

결과적으로 미국 전자책 시장은 2009년(8.2억 달러) 대비 2018년(87억 달러) 10배 이상 성장했고, 아마존의 미국 전자책 시장점유율은 80%(2017년)에 이른 것으로 파악되고 있다. 오프라인 출판 업체(예, 반

---

3 앞의 책, p. 69.

■ 표 4. 종이책과 전자책의 마진 구조 ■

	당시 가격	맥밀란 제시 가격
베스트셀러 표시 가격	$28.47	$13.99
아마존 소매가	$9.99	$13.99
로열티(표시 가격 대비)	50%	70%
로열티 비용	$14.24	$9.79
물류 비용	$1.00	$0.06
아마존 기대이익	($5.25)	$4.14
아마존 마진	-53%	30%

주: 아마존과 맥밀란 2010년 제시 가격
자료: 아마존닷컴 경제학, 하나금융투자

스앤노블)는 어려워졌고, 작가들의 출판 영역과 운신의 폭은 넓어졌다. 낮은 원가와 유통사(아마존)의 저마진 덕분에 종이책 시절에는 출판하지 못했던 책들을 전자책으로 발간할 수 있게 된 것이다. 출판사를 거치지 않고 아마존과 계약하는 작가들도 생겼다. 당시 전자책 시장의 이러한 경험은 현재 유통 시장의 온라인화와 궤를 같이 한다. 아마존은 온라인 유통 업체들의 저마진 정책을 대변하고 있으며, 오프라인 출판 업체는 오프라인 유통 업체로, 작가는 브랜드 업체로 주인공이 바뀌었을 뿐이다.

음반 시장 진출 당시 아마존의 실적은 극히 저조했다. 1995~2003년에 30억 달러의 누적 손실이 발생했다. 2003년 이후 MS 확대 전략이 콘텐츠 수입 증가로 결실을 맺으면서 가파른 이익 증가를 경험했다. 온라인 유통 시장으로 진출을 본격화한 2012년 이후 다시 순손실로 돌아섰다. 하지만 주가는 지속적인 상승세를 기록했다. 12MF PER 100배를 상회하는 경이적인 밸류에이션을 보였다. 이는 아마존 전략에 대한 신뢰 때문이다. 이미 2000년대에 동일한 성공 방정식을 증명했기 때문이다.

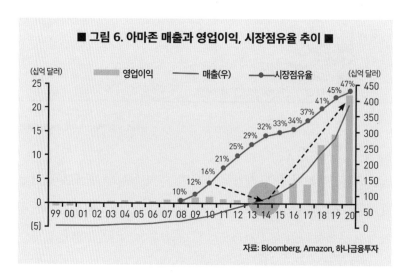

■ 그림 6. 아마존 매출과 영업이익, 시장점유율 추이 ■

자료: Bloomberg, Amazon, 하나금융투자

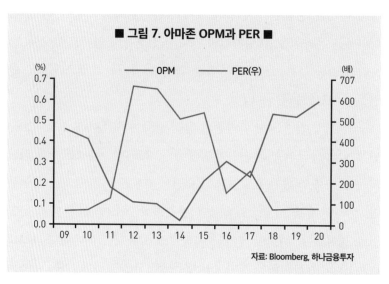

■ 그림 7. 아마존 OPM과 PER ■

자료: Bloomberg, 하나금융투자

PER 100배 밸류에이션이
어떻게 가능한가?

　PER 100배 기업을 찾는 것은 어렵지 않다. 영국의 오카도는 여전히 12MF PER 300배다. 아마존도 12MF PER 47배에 이른다. 이런 초고밸류에이션의 논리적 기반을 간단한 시뮬레이션을 통해 살펴볼 수 있다. 먼저 두 유통 업체를 가정하겠다.

　A모델은 오프라인 유통 업체로서 수익성에 역점을 두고 현재 마진 구조를 유지하면서 민간소비 정도의 성장에 만족한다. B모델은 온라인 유통 업체로서 성장성에 초점을 맞추고, 단기적인 마진 훼손을 감수하면서 MS 확대에 주력하는 전략이다. 이러한 2가지 전략이 10년 후에 어떤 결과로 이어질지를 시뮬레이션해 보았다. 가정은 다음과 같다.

① A모델의 경우, 연간 5% 거래액이 증가하고 영업이익률은 5%를 유지한다. 판관비도 5% 증가다. 5%는 민간소비 증가율을 약간 상회하는 수준이며, 영업이익률이 개선되지 않는 이유는 인건비와 마케팅비 등 고정비 부담 때문이다. 판관비율은 A모델이 더 높은데, 오프라인 고정비 부담 때문이다.

② GPM은 A모델은 30%, B모델은 20%로 가정한다. B모델 ASP**Average Selling Price: 평균판매 가격**가 10% 낮다. 물론 B모델의 경우 MS 확대에 의한 추가적인 GPM 개선을 기대할 수 있지만, 여기서는 시뮬레이션의 단순화를 위해 가능성을 제외했다.

③ B모델의 추가적인 판관비 증가는 다음과 같다. 기본 판관비는 20%씩 증가하는 것으로 가정했다. 사업 규모 확대에 따른 인건비와 마케팅비 증가 때문이다. 물론 온라인 특성상 인건비보다는 마케팅비 증가가 클 것이다. A모델과 거래액 차이의 10%를 판촉비 추가 증가분으로 했다. 거래액 성장률의 5%p는 자연 성장, 나머지 성장률은 판촉비 증가로 인한 가격 하락 효과로 보는 것이다. 그럼 추가된 거래액의 실질적인 GPM은 10%가 된다. 변동비성 판관비 항목 지급수수료(신용카드)는 취급고의 2%를 가정했다. 2024년 B모델 기업은 절대적인 시장점유율을 보유하게 된다.

■ 표 5. 오프라인과 온라인 유통 업체 비교 시뮬레이션 ■

모델 A - 저성장

	2013	2014	2015	2016	2017	2018	2019	2020	2021F	2022F	2023F	2024F
매출	100	105	110	116	122	128	134	141	148	155	163	171
YoY		5.0%	5.0%	5.0%	5.0%	5.0%	5.0%	5.0%	5.0%	5.0%	5.0%	5.0%
매출총이익	30	32	33	35	36	38	40	42	44	47	49	51
GPM	30.0%	30.0%	30.0%	30.0%	30.0%	30.0%	30.0%	30.0%	30.0%	30.0%	30.0%	30.0%
판관비	25	26	28	29	30	32	34	35	37	39	41	43
판관비율	25.0%	25.0%	25.0%	25.0%	25.0%	25.0%	25.0%	25.0%	25.0%	25.0%	25.0%	25.0%
영업이익	5	5	6	6	6	6	7	7	7	8	8	9
OPM	5%	5%	5%	5%	5%	5%	5%	5%	5%	5%	5%	5%
누적 영업이익	5	10	16	22	28	34	41	48	55	63	71	80
적정 기업가치		43	47	50	53	57	61	65	70	75	80	86
적정 PER(배)		8.3	8.4	8.6	8.8	8.9	9.1	9.3	9.4	9.6	9.8	10.0

모델 B - 고성장

	2013	2014	2015	2016	2017	2018	2019	2020	2021F	2022F	2023F	2024F
매출	100	130	169	220	286	371	483	627	816	1,060	1,379	1,792
YoY		30.0%	30.0%	30.0%	30.0%	30.0%	30.0%	30.0%	30.0%	30.0%	30.0%	30.0%
매출총이익	20	26	34	44	57	74	97	125	163	212	276	358
GPM	20.0%	20.0%	20.0%	20.0%	20.0%	20.0%	20.0%	20.0%	20.0%	20.0%	20.0%	20.0%
판관비1(a)	15	18	22	26	31	37	45	54	64	77	93	111
추가 지급수수료(b)		1	1	2	3	5	7	10	13	18	24	32
추가 판촉비(c)		3	6	10	16	24	35	49	67	91	122	162
판관비2(a+b+c)	15	21	29	38	51	67	87	112	145	186	239	306
판관비율	15.0%	16.2%	17.0%	17.5%	17.8%	17.9%	17.9%	17.9%	17.7%	17.5%	17.3%	17.1%
영업이익	5	5	5	6	6	8	10	13	18	26	37	52
YoY		0.0%	3.0%	7.7%	14.1%	21.5%	28.7%	34.6%	38.6%	40.9%	41.8%	41.9%
OPM	5.0%	3.8%	3.0%	2.5%	2.2%	2.1%	2.1%	2.1%	2.3%	2.5%	2.7%	2.9%
누적 영업이익		10	15	21	27	35	45	58	76	103	139	192
적정 기업가치		267	285	305	327	349	374	400	428	458	490	524
적정 PER(배)		53.3	55.4	55.0	51.6	45.4	37.7	30.0	23.2	17.6	13.3	10.0

자료: 하나금융투자

고성장 온라인 유통 기업의 중·장기 영업 레버리지

① A모델은 매출과 영업이익이 모두 71% 증가, B모델은 매출 17배 증가, 영업이익은 10배 증가했다. A모델의 경우 영업이익률은 유지되지만 2024년 이익 규모가 B모델의 16% 수준에 그치게 된다. B모델은 영업이익률은 떨어지지만 이익 규모가 크다. B모델의 영업이익률은 7년 동안 하락하다가 재상승, 2024년 영업이익률은 A모델 5%, B모델 2.9%를 기록했다.

② B모델은 판관비율이 2020년까지 상승하다가 점차 하락하게 된다. 규모의 경제 효과 때문이다. 오프라인 백화점과 대형마트의 경우 1개 점포당 300명 이상의 고정 인력이 필요하지만 온라인 유통 업체의 경우 매출 증가에 따른 고정비 증가 요인이 제한적이다.

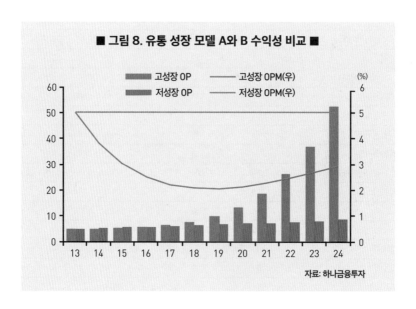

■ 그림 8. 유통 성장 모델 A와 B 수익성 비교 ■

자료: 하나금융투자

PER로 밸류에이션을 해 보자. 두 기업의 2024년 이익에 시장 PER 10배로 적용하면 2024년 기준 A모델의 기업가치는 이익×PER 10배로 86이 되고, B모델은 이익×PER 10배로 524가 된다. 2024년 성장이 두 회사의 기업가치를 2013년 현재 가치로 할인하면(7% 할인율 적용) A모델의 현재 가치는 43, B모델은 267이 된다. 이때 2013년 현재 이익을 기준으로 멀티플을 구해 보면 A모델은 PER 8배, B모델은 53배가 된다. 상대적으로 높은 성장률을 감안해서 2024년 B모델의 적정 PER를 20배 적용하면 이 회사의 2013년 기업가치는 533, PER 106배가 된다. 아마존을 비롯해서 쿠팡까지 글로벌 온라인 유통 업체들의 높은 밸류에이션을 이해할 수 있는 대목이다.

물론 PER 100배 적용에는 또 하나의 전제조건이 있다. 실적 가시성이다. 과연 매출이 10년 동안 17배 증가할 수 있는가에 대한 가능성인데, 시장점유율이 근거가 될 수 있다. 아마존이나 알리바바, 오카도는 자국 내에서 절대적인 시장점유율을 갖고 있었다. 반면에 국내 온라인 시장은 2013년 당시 11번가, G마켓과 같은 오픈마켓 업체와 쿠팡, 위메프 등 소셜커머스 업체들이 선두 자리를 두고 치열하게 경쟁하고 있어서 실적 가시성이 훨씬 떨어졌다. 특히 재무 구조가 취약한 오픈마켓 업체들은 사업 철수 가능성도 종종 제기되었다.

밸류에이션 격차의 정당성

이 시뮬레이션 결과를 정리하면 다음과 같다.

첫째, 2013년 이후 유통 시장에 질적 성장이라는 것은 존재하지 않게 되었다. 수익성을 유지하기 위해서는 A모델처럼 성장성을 포기해야 했고, 성장을 위해서는 B모델처럼 단기적인 수익성을 포기해야 했다. 규모의 경제를 통해 진입장벽을 높이 세워 두고 성장과 수익을 동시에 취하는 형태의 유통업을 찾아보기 어렵게 되었다.

둘째, A모델과 B모델의 밸류에이션 격차는 정당하다. 미래 기업 가치를 현재 가치로 할인해 보면, 꾸준히 이익이 나더라도 매출 성장률이 낮은 업체는 밸류에이션을 낮게 적용하는 것이 바람직하다는 점을 알 수 있다. 당장 이익이 나지 않더라도 매출 성장률이 높고, 시장점유율 확대 가시성이 높은 업체들은 높은 밸류에이션을 적용할 수 있다.

물론 매출 성장의 가시성이 떨어진다면 밸류에이션 프리미엄은 작아질 수 있다. 하지만 중요한 점은 유통 산업에서 PER 100배도 정당성이 주어질 수 있게 되었으며, 이익을 중요시하는 밸류에이션은 온라인화라는 소비시장 변화에 적합하지 않다는 것이다. 온라인 컨슈머 업체들의 투자지표와 경영 목표는 매출 성장이어야 한다는 점, 이것이 결국 중·장기 수익성까지 내포한다는 것을 주지할 필요가 있다.

셋째, B모델의 경우 바잉 파워 확대로 벤더들로부터 판매수수료율(또는 매입률)을 0.5%p만 올려도 2024년 영업이익은 기존 수치 대비

17% 증가하고, 영업이익률은 0.5%p 상승한다. 따라서 독점력이나 시장점유율 확대에 대해서는 높은 프리미엄을 주는 것이 타당하다.

넷째, 단기적인 적자를 감내할 수 있도록 든든한 캐시카우를 확보한 업체여야 이러한 전략이 가능하다. 2013~17년에 여러 온라인 유통 업체가 고성장하는 온라인 유통 시장의 패자가 되기 위해 번갈아가면서 막대한 마케팅비를 지출했다. 홈쇼핑 업체들은 6~7천 억 원의 현금을 확보하고 있었고, 11번가는 연간 영업활동현금흐름이 4조원에 달하는 SKT를 모회사로 두고 있었다.

그러나 쿠팡이 연간 5천억 원 이상 영업 손실을 감수하면서도 계속 역마진 전략을 이어가자 끝내 경쟁을 접었다. 홈쇼핑 업체들은 자신의 현금 6~7천억 원이 1년 마케팅비에 불과할 수 있다는 사실에 움츠러들었고, 11번가와 G마켓, 위메프, 티몬 등도 경쟁보다는 BEP 이상을 유지하면서 거래액 규모를 유지하기 위한 전략으로 선회하기

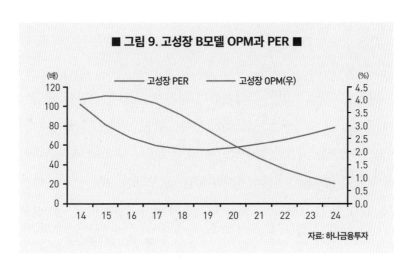

■ 그림 9. 고성장 B모델 OPM과 PER ■

자료: 하나금융투자

시작했다. 티몬은 '타임커머스'를 도입하면서 네이버와 쿠팡의 중간 지대를 지향하고 있고, G마켓은 '스마일배송'으로 오픈마켓의 한계로 꼽히는 배송의 불안정성을 극복하고 있다.

온라인 유통은 영업이익률이 중요하지 않다

온라인 유통의 경우 영업이익률은 적절한 투자지표가 되지 못한다는 점을 명심하자. 영업이익률의 의미는 한정된 Capa^Capacity: 생산능력/용량 를 전제할 때 의미가 있다. 생산 및 판매 시설의 물량 기준 Capa가 분명할 때 영업이익률은 효율성 측면에서 중요한 기업의 펀더멘털 요소가 된다. 오프라인 백화점의 경우에는 Capa가 존재한다. 영업면적과 오픈 시간이 존재하기 때문에 한정된 물량만 팔 수 있다. 그리고 해당 면적에 대한 투자비용이 존재한다. 따라서 단위면적당 되도록 고마진 상품을 많이 팔아야 한다. 그래야 영업효율과 영업이익률, 투자수익률이 높을 수 있다.

하지만 Capa가 없는 산업이라면 얘기가 다르다. 온라인 게임이나 음원과 같은 콘텐츠는 Capa가 없다. 온라인 유통도 마찬가지다. 이들 사업에는 시간당 절대적인 이익 규모만이 중요하다. 영업이익률과 같은 효율성 지표는 의미가 없다. 오프라인 유통 업체는 매장당 Capa(객수)가 유한하기 때문에 '객단가(P)'가 중요하지만 온라인은 Capa의 한계가 없기 때문에 '박리다매'가 효율적인 전략이다.

온라인 유통 업체와 가장 유사한 사업 구조를 가진 홈쇼핑 업체들의 영업이익률은 2012~14년 가장 업황이 좋을 때도 4% 내외에 불과했다. 백화점 업체들 대비 1/2밖에 되지 않았다. 하지만 당시 ROE^Return On Equity는 홈쇼핑 업체들이 20% 내외인 반면, 백화점 업체들은 10% 초반대에 불과했다. GS홈쇼핑과 현대백화점을 비교해 보면 총매출(취급고) 규모는 2012년 기준 각각 3조 원, 4.4조 원으로 1조 원 차이가 났는데, 자본 규모는 GS홈쇼핑이 6,800억 원, 현대백화점 3.2조 원으로 4배 이상 격차였다.

여기서 하나 상기해야 할 점은 사업의 기대수익률이다. ROIC^Return On Invested Capital라고 할 수 있다. B모델이 2024년 안정화됐을 때의 영업이익률은 2.9%다. 오프라인 백화점이나 대형마트는 최종 영업이익률이 2.9%라면 투자하기 어려울 것이다. 사업성이 너무 낮기 때문이다.

일반적으로 백화점 연간 총매출 규모는 그 백화점을 짓기 위한 Capex^Capital Expenditures와 유사하다. 오프라인 백화점은 공간과 시간의 한계가 있기 때문에 매출 규모가 증가하는 데 한계가 있다. 그래서 매출 성장을 지속하기 위해서는 건물을 계속 지어야 한다. 총매출 규모가 6천억 원이라면 Capex가 6천억 원이라고 할 수 있다. 영업이익률이 2.9%라는 말은 곧 6천억 원을 투자해서 연간 2.9% 수익을 낸다는 말이다. 차라리 회사채를 사는 게 낫다. 사업가치가 없는 것이다.

반면에 온라인 유통업은 상대적으로 Capex가 크지 않다. 판매를 위한 특별한 건물과 설비가 필요 없다. 11번가와 G마켓의 대차대조표를 보면 매출에 비해 자산 규모가 현저히 작은 것을 확인할 수 있다. 영업이익률이 2.9%라 하더라도 ROIC나 ROE는 대단히 높을 수 있다. B모델이 가능한 근본적인 이유는 온라인 유통업의 Capex가 크지 않기 때문이다.

2장

온라인
유통 시장 특징
제대로 알기

온라인화는
ASP의 하락이다

　지금까지 쿠팡이 100조 원에 상장될 수 있는 이유에 대해서 살펴보았다. 당장에 이익이 나지 않더라도 중·장기적으로 더 큰 이익을 창출할 수 있기 때문에 실적 가시성만 높다면 현재 가치로 할인했을 때 PER 100배 밸류에이션도 가능하게 된다는 것을 시뮬레이션을 통해 확인했다.

　그런데 여기서 또 하나의 근본적인 질문을 던질 수 있다. 왜 쿠팡은 매출이 14조 원이나 되는데 이익을 내지 못하고 있을까? 앞서 잠깐 언급했듯이 싸게 팔기 때문이다. 이 장에서는 온라인 유통 시장이 왜 전체적인 가격 하락 압력을 받게 되었는지 구조적인 요인을 추적해 본다.

우리가 온라인 쇼핑을 사용하는 이유는 스마트폰을 사용한 편리한 쇼핑, 간편한 결제, 빠른 배송 등 여러 가지가 있지만 가장 큰 이유는 역시 가격이 싸다는 점이다. 오프라인 점포가 제품을 체험해 보는 쇼룸Show Room이 된 이유는 가격 때문이다. 배송이나 결제의 편의성은 현장에서 바로 제품을 인도받을 수 있고, 카드를 꺼내 점원에게 건네주면 즉시 결제가 끝나는 오프라인 매장을 따라올 수 없다. 좀 더 싸게 제품을 구매할 수 있다는 장점 때문에 제품을 즉시 바로 손에 넣는 즐거움을 하루 이틀 양보한 것이다. 빠르고 편리한 배송과 간편한 결제는 온라인 유통 업체들 사이의 경쟁력일 뿐이다.

온라인 유통, 온라인화라고 하면 상당히 광범위하고 추상적인 개념처럼 보이는데, 한마디로 구체화시키면 ASP 하락이라고 말할 수 있다. 2013년 이후 지난 10년 동안 소비자물가 상승률은 거의 1% 내

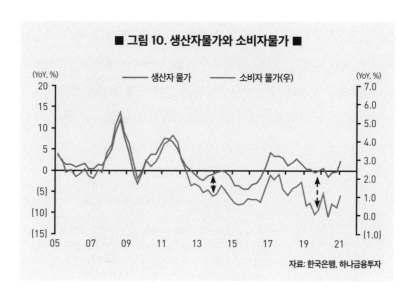

■ 그림 10. 생산자물가와 소비자물가 ■

자료: 한국은행, 하나금융투자

외에 머물렀다. 2017년 2%를 몇 개월 넘은 적이 있지만, 2013년 이전과 비교하면 1950년 한국전쟁 이후 이렇게 물가가 긴 시간 동안 하향 안정화돼 있던 시기는 한 번도 없었다. 지금 현재를 살고 있는 우리들은 잘 못 느낄 수 있지만, 후세 경제학자들이 2013년 이후 지금을 본다면 굉장히 특이한 시대로 평가할 것이다.

물가에 영향을 미치는 요인은 많다. 우선, 국제유가 하락이 가장 큰 요인이 된다. 한국은 제조업 비중이 높고 석유를 모두 수입에 의존하고 있기 때문에 국제유가와 생산자물가, 소비자물가가 일정한 상관계수를 갖고 변동한다. 한 가지 주목할 만한 현상은 2013년 중순 이후 생산자물가와 소비자물가 사이의 괴리 확대다. 이 두 지표 사이의 괴리는 결국 제조/브랜드 업체 또는 유통 채널에서 추가적인 가격 하락 요인이 발생했다는 것을 의미한다.

매스 브랜드 시장 확대가 원인이 될 수 있다. 2011년 이후 경기 둔화로 인한 합리적 구매 성향이 강하게 나타나면서 중저가 시장이 빠르게 확대되었다. 의류 시장에서는 SPA Specialty Store Retailer of Private Label Apparel, 화장품 시장에서는 원브랜드숍이 전체 시장을 주도했다.[4]

하지만 더욱 근본적인 요인은 온라인 유통 확대로 인한 가격 하락이다. 2012년 이후 오픈마켓과 소셜커머스, 해외직구 등 온라인을

---

4 2008년 5천억 원(비중 1.8%)에 불과했던 국내 SPA 브랜드 시장 규모는 2013년도 2.9조 원, 국내 의류 시장의 8.5% 비중까지 가파르게 성장했다. 화장품 원브랜드숍 시장 규모는 2013년도 2.7조 원으로 전체 화장품 시장의 27%에 이르렀는데, 2008년도(1.2조 원) 대비 2배 이상 증가한 수치다.

기반으로 한 새로운 유통 채널의 고성장세가 두드러졌다. 온라인 채널이 전체 소매 판매시장에서 차지하는 비중 역시 2012년 13%에서 2020년 43%까지 큰 폭 상승했다.

이러한 디플레이션 같은 현상은 소비심리 개선에도 불구하고 소매 판매 증가율이 제자리에 있는 모순적인 상황을 잘 설명해 준다. 소매 판매는 말 그대로 판매액 개념이다. 가격요인(P)과 수량요인(Q)을 모두 살펴봐야 한다. 2012~15년 소비심리는 100을 넘어서는 양호한 상황이었지만, 소매 판매는 역신장을 지속했다. 당시 소매 판매(S Sales) 부진은 가계 구매력이나 소비심리 위축에 의한 소비량(Q)의 저하 때문이 아니라 유례없는 물가(P)의 하향 안정화에 의한 가격체계 왜곡, 즉 수요 증가에도 인플레이션이 발생하지 않는 현상 때문일 수 있다. 아울러 디플레이션 현상은 개별 브랜드/유통 업체들의 이익 규

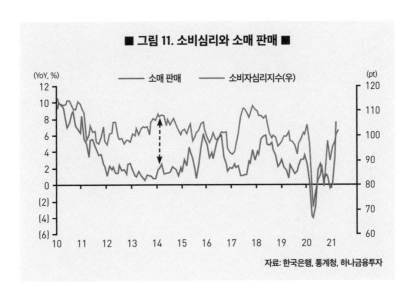

■ 그림 11. 소비심리와 소매 판매 ■

모를 낮추는 요인으로 작용한다. 유통 업체들은 객단가(P) 하락에 따라 객수(Q) 증가에도 불구하고 전체적인 매출 증가율이 둔화되면서 고정비 부담이 커지게 된다. 의류/화장품 업체들은 마크업Markup 배율(원가대비 판가 배수)이 하락하고, 할인판매 비중이 상승하면서 영업이익률이 떨어지게 된다.

다나와가
용팔이를 무너뜨리다

　과거 용산전자상가는 그야말로 '호갱'들의 무덤이었다. 일명 '용팔이'라고 하는 판매상들에 비해 협상의 기술과 가격 정보에서 현저하게 열위에 놓일 수밖에 없는 일반 소비자들은 노트북이나 PC 부품을 싸게 사러 갔다가 호갱이 되기 일쑤였다. 필자도 대학교 컴퓨터 동아리에서 활동하던 시절에 랜선 커넥터를 사러 갔다가 2~3천 원이면 살 수 있는 것을 1만 원에 주고 샀다고 선배들에게 놀림당했던 기억이 있다.

　그런데 2000년 다나와가 나오면서 전세가 역전되었다. 다나와가 용산전자상가 가격을 모두 정리해서 올리기 시작했고, 입소문을 타고 용산전자상가에 가기 전에 반드시 봐야 하는 가격지표가 되었다.

소비자들이 '다나와 최저가'에 몰리고, 점포 매출이 다나와 가격표에 따라 달라지게 되자 판매자들이 알아서 자신의 판매 가격을 다나와에 올리게 되었다. 소비자들은 발품 팔아 하루 종일 돌아볼 필요 없이, 호갱이 될 것이라는 공포 없이, 합리적 가격에 제품을 구매할 수 있게 되었다. 아마 최초의 온라인 가격 비교 사이트였을 것이다. 판매자들은 모두 다나와를 정말 싫어했지만 어쩔 수 없었다. "정말 다나와 때문에 남는 게 없다."면서 제품을 팔았다. 유통 시장 헤게모니가 유통 업체에서 소비자에게 넘어가기 시작한 시발점이었다.

2013년 이런 현상이 PC를 넘어 전 소비재 카테고리에 확산되기 시작했다. 기폭제는 스마트폰 보급 확대였다. 스마트폰 보급률은 2010년 14%에서 2013년 73%까지 급격하게 상승했다. 이에 따라

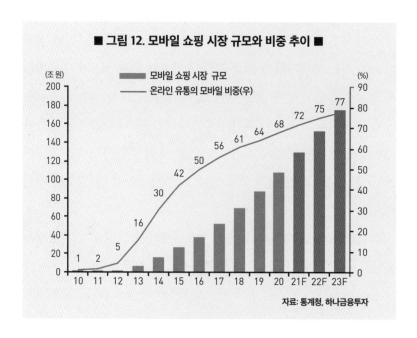

■ 그림 12. 모바일 쇼핑 시장 규모와 비중 추이 ■

자료: 통계청, 하나금융투자

2012년 1.8조 원에 불과했던 모바일 쇼핑 시장은 2020년 108조 원으로 전체 온라인 유통 시장의 68%까지 비중이 상승했다.

1998년 이후 한국은 인터넷 초강국이었고, 이미 온라인 유통은 주요 유통 채널 가운데 하나로 자리 잡고 있었다. 하지만 PC 기반 온라인 쇼핑은 일정 수준 이상 침투율을 넘지 못했다. 온라인 쇼핑을 할 수 있는 시간과 공간이 제약돼 있었기 때문이다. 퇴근 후 집에서 1~2시간이 고작이었다.

그러나 모바일은 출퇴근하는 지하철 안에서, 커피 마시다가, 잠자기 위해 누워 있다가도 돌연 구매 행위가 가능하다. 실제로 모바일 채널을 통한 구매가 가장 많을 때가 취침 직전이라는 점에 주목할 필요가 있다. 가격이 만만치 않아 살까 말까 고민하다가 잠자리에 누웠는데, 문득 1~2만 원 가지고 고민을 하는 자신이 너무 측은해 벌떡 일

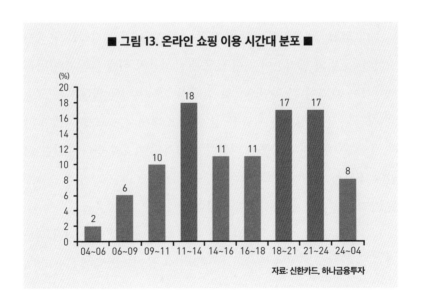

■ 그림 13. 온라인 쇼핑 이용 시간대 분포 ■

자료: 신한카드, 하나금융투자

어나 구매를 결정하는 사람이 많아진 것이다. 결제의 편의성도 구매 결정에 한몫했다. 책상 앞에 앉아 PC를 켜고, 몇 번의 단계를 거쳐야 하는 PC 온라인과 달리 이불 속에서도 앱을 실행시키고 6자리 숫자만 넣으면 된다.

사실상 24시간 쇼핑이 가능해졌고, 쇼핑하는 시간이 훨씬 늘어나게 되었다. 그러면서 가격 비교도 더 여유 있게 할 수 있게 되었다. 아주 사소한 상품이 아니라면 구매 결정을 하기 전에 기본적으로 3~4개 쇼핑몰을 훑어본다. 이러한 브랜드와 소비자의 접점 확대는 강력한 소비의 '촉진제(Q의 증가)'가 되는 동시에 원하는 상품을 낮은 가격에 구매할 수 있는 기회의 폭을 확대했다(P의 하락). 가격이 투명하게 공개되고 비교되면서 유통 업체들의 가격 경쟁은 심화될 수밖에 없게 되었다. 유통 업체들이 초과수익을 낼 수 있는 기회가 점점 줄어들게 되었다.

소비행위의 기본적인 목표는 '원하는 물건'을 '가장 저렴하게' 사는 것이다. 소비의 합리성이란 이 목표를 달성하기 위해 다양한 방법을 모색하는 과정이다. 일반적으로 합리적 의사결정을 방해하는 요소로 '시간'과 '돈', '정보의 제약'을 꼽는다. 소비에서도 크게 다르지 않다. 수많은 생산자와 상품은 다양한 소비자의 기호와 만나 수많은 교환의 조합이 발생하게 되는데, 이를 하나로 모아 주고 '거래 수수료'를 가져가는 것이 유통 사업의 핵심이다.

시간과 공간의 제약이 커질수록 '정보의 비대칭성'도 커지기 때문에 유통 업체의 가치는 높아진다. 백화점에 몰려드는 수많은 고객(집객력)은 입점 브랜드 업체들에게 높은 협상력으로 작용하고, 이에 따른 다양한 상품 카테고리(소싱 능력)는 추가적인 집객으로 선순환되어 백화점의 높은 매출과 마진으로 이어진다.

그런데 여기에 온라인 채널이 끼어들면서 브랜드 → 유통 업체 → 소비자로 이어지는 밸류체인의 균형이 흔들리게 된 것이다. 마치 용팔이와 소비자 사이에 다나와가 끼어들면서 용산전자상가 거래 풍경이 크게 달라진 것과 같이 말이다. 온라인화로 소비의 합리성이 높아진 것이다.

지금까지 온라인 유통 시장 ASP 하락 요인을 소비자 측면에서 살펴보았다. 이제 유통 업체와 브랜드 업체 입장에서 나타나는 구조적 변화를 깊이 들어가 살펴보자.

유통은 최소한
'안방은 지키는 비즈니스'였다

　2013년 전까지 필자는 유통 업종 기초 세미나를 할 때 "유통은 최소한 안방은 지키는 비즈니스다."라는 말을 가장 먼저 했다. 백화점과 대형마트 등 유통 업종은 이미 상당히 포화돼 있고, 과점화가 끝난 업종이기 때문에 개별 업체들의 고성장을 기대하기는 어려운 상황이었다. 다만 해외 기업이 한국에 들어오기 어렵기 때문에 민간소비 증가율에 준하는 안정적인 실적은 가능하다. 따라서 경기적인 요인을 잘 살피면서 투자하면 쏠쏠한 투자 수익을 기대할 수 있을 것이란 아이디어였다.

　과거에 유통 업종은 진입장벽이 높고 규모의 경제로 마진 개선을 이어갈 수 있는 안정적인 산업이었다. 유통 업종의 해외 진출이 대단히 어렵다는 점은 지금도 크게 다르지 않다. 바잉 파워가 형성되기 어렵기 때문이다.

모든 소비자는 좋은 제품을 싸게 구매하기 원한다. 유통 업체들이 돈을 벌려면 좋은 제품을 싸게 팔고도 마진이 남아야 한다. 그러기 위해서는 좋은 제품을 싸게 매입해 와야 한다. 벤더들에게 상품을 싸게 사 올 수 있는 능력이 바잉 파워다. 바잉 파워는 높은 시장점유율을 전제로 한다. 농심이 새우깡을 동네슈퍼보다 이마트에 싸게 공급하는 이유는 워낙 새우깡을 많이 팔아 주기 때문이다. 결국 시장점유율이 높아야 바잉 파워가 강해지고, 그래야 유통 업체는 마진을 확보할 수 있다.

국내 대형마트 업체들의 중국 진출과 철수는 이러한 유통 시장의 폐쇄성을 잘 보여 주는 예다. 2010년 이후 중국 소비시장이 빠르게 커지면서 이마트와 롯데쇼핑도 중국 시장에 출사표를 던졌다. 빠르게 시장점유율을 확보하고, 바잉 파워를 올리면서 규모의 경제로 이익을 개선해야 하는데 한국 오프라인 유통 업체는 거기까지 도달하기 어려웠다. 이미 중국 내에 RT마트 등 메이저 유통 업체들이 어느 정도 자리를 잡고 있었기 때문이다.

국내에서 시장점유율이 30%가 넘는 이마트의 중국 시장점유율은 1%도 채 되지 않았다. 이는 GPM의 차이로 나타난다. 이마트의 국내 GPM이 25% 수준인 반면, 중국 법인은 15% 수준에 불과했다. 롯데마트의 경우에도 매장수가 가장 많은 상해법인 GPM이 그나마 20%였고, 심양 지역은 15% 이하였다. 판관비를 아무리 줄여도 적자일 수밖에 없는 구조였다.

치열한 경쟁은 수익 구조 개선을 더욱 어렵게 했다. 롯데마트는 후발주자로서 상대적으로 경쟁이 덜한 2~3선 도시에 매장을 확대했는데, 1선 도시 시장 포화로 RT마트 등 선두 업체들 역시 2~3선 시장 진출을 전개했다. 아울러 온라인 유통 확대로 소비 수요가 온라인 채널로 빠르게 이동하고 있었다. 점포 수 증가를 조절하면서 수익성 개선을 도모하고자 했던 노력이 경쟁 심화와 소비 패턴 변화에 부딪치면서 난항을 겪은 것이다. 결국 이마트와 롯데마트는 각각 2017년과 2018년에 막대한 손실을 보고 완전철수했다. 특히 롯데쇼핑의 경우, 중국 진출 실패로 2.5조 원 이상 피해를 본 것으로 추산되며, 롯데쇼핑 기업가치 하락의 주 요인으로 작용했다.

유통 업체들이 해외 진출이 어렵다는 말은 해외 업체들의 국내 진출 역시 힘들다는 것을 의미한다. 월마트나 까르푸가 국내에 진출했다가 이마트 등 국내 업체에 매각하고 철수한 사례가 있다. 하지만 이런 '최소한 안방은 지키는 비즈니스'라는 업종 프리미엄은 2013년 이후 온라인 쇼핑 확대로 산산이 부서졌으며, 오프라인 유통 업체들의 사업은 크게 흔들리기 시작했다.

진입장벽 하락과
마진 구조의 변화

　집이 무너지기 전에 기둥이 먼저 흔들리듯이 한 시대를 지배하던 패러다임이 바뀌게 될 때는 그 패러다임의 축을 이루는 가정이 먼저 흔들리게 된다. '이동'의 기본적인 가정은 '말'이었고, '전화'의 기본적인 가정은 '선'이었으며, '가격'의 기본적인 가정은 '노동'이었다. '말'이 '가솔린'으로, '선'이 '무선'으로, '노동'이 '효용'으로 바뀌면서 산업 구조가 변화하게 되었다.

　2010년 이전 가장 기본적인 유통 시장의 가정은 무엇이었을까? '건물'이었다. 이전까지 유통은 많은 부지와 건물이 필요한 '장치산업'이었다. 마진은 바잉 파워에서 나왔고 바잉 파워는 높은 시장점유율, 즉 매출 규모에 기반을 두었다. 백화점, 대형마트, 편의점 등 각 유통 부문에서 20% 정도는 시장점유율을 확보하고 있어야 어깨에 힘주고 벤더들을 만날 수 있다.

예를 들어 한국 백화점 시장 규모는 약 30조 원 정도다. 시장점유율 20%라면 연간 총매출 규모 6조 원이다. 백화점은 점포가 필요하다. 연간 총매출 규모 6천억 원의 백화점 1개 점포를 신규 오픈하기 위해 약 6천억 원 내외 Capex가 필요하다. 토지가 절반 정도 되고, 나머지가 건물과 인테리어에 소요된다. 백화점은 도심에 들어서기 때문에 땅값이 비싸다. 매출 6조 원을 위해서는 대략 10개 점포가 필요하고, 약 6조 원의 초기 투자비용이 발생한다.

성장률이 3~5%밖에 나오지 않는 포화된 시장에 6조 원을 새로 투자하는 행위는 상당히 비합리적으로 보인다. 그래서 한국의 백화점 유통 시장은 과점화가 끝난 시장이다. 롯데/신세계/현대 백화점 3사가 각각 15~30개 점포를 운영하고 있고, 각각 20% 내외 시장점유율을 확보하고 있다. 이제 뉴코아/애경 백화점을 찾아보기 어렵다. 대구의 경우 동아백화점에 이어 대구백화점도 폐점을 앞두고 있다.

하지만 이런 기본적인 가정이 온라인 유통 시장에서는 큰 의미가 없다. 온라인 유통은 판매 점포가 크게 필요 없다. Capex 부담이 현저히 작은 것이다. 국내 현대백화점과 신세계 등 총매출 규모 6조 원 내외 메이저 백화점 업체들의 유형자산 규모는 6조 원이 넘지만, 거래액 22조 원을 자랑하는 쿠팡의 유형자산은 2020년 기준 1조 원밖에 안 된다. 그것도 대부분 물류센터 관련 자산이다. 오픈마켓 형태의 11번가나 위메프, 티몬의 경우는 이마저도 없다. 이베이코리아의 유형자산은 630억 원(2018년 기준)밖에 안 된다. 투자비를 회수할 게 별로 없는 것이다. 투자한 돈이 크지 않기 때문에 기대수익률도 낮다. 영업이익률이 높지 않아도 된다. ASP를 낮출 수 있는 핵심적인 이유다.

아울러 고정비 부담이 작다. 백화점이나 대형마트 1개 점포를 운영하려면 주차/진열/안내/계산 요원들을 포함하여 평균 300명 이상 고정인력이 투입된다. 그래서 이마트의 인건비는 1조 원이 넘는다. 하지만 온라인 유통은 이런 고정비 부담이 없다. 판매 상품에 대해 일괄 관리하는 종합몰이 아닌 오픈마켓의 경우는 콜센터도 따로 운영하지 않는다. 이마트와 유사한 거래액 규모의 이베이코리아의 급여는 690억 원(2018년 기준)에 불과하다. 판관비가 적게 소요되므로 그만큼 가격을 낮출 수 있다.

마진에 대한
가정이 깨지다

  온라인 유통의 낮은 투자비용과 고정비는 유통 시장의 진입장벽을 크게 낮추었다. 더 큰 문제는 다음부터다. 진입장벽이 낮아지면서 다른 산업에서 1등 하는 메이저 업체들이 유통업을 기웃거리기 시작했다. 대표적인 예가 SKT의 11번가와 네이버의 네이버쇼핑이다. 최근에는 카카오커머스도 있다. 이들의 공통점은 유통 사업에서 가장 어려운 작업이라고 할 수 있는 '집객'을 이미 끝내 놓았다는 것이다. 이건희 회장이 백화점 사업을 왜 '부동산업'이라고 정의 내렸는지 생각해 보면 명확하다. 유통업의 핵심은 유동인구가 많은 곳에 입지를 잘 선택해야 하는 것이다. SKT는 국내 2,500만 명 이상 가입자를 보유하고 있으며, 네이버는 한국 인터넷 포털 사이트, 카카오톡은 국내

최대 SNS다. 세 회사의 쇼핑 거래액을 합하면 2020년 기준 40조 원
이다. 국내 백화점과 대형마트 시장 규모가 30조 원 내외라는 점을
감안하면 오프라인 유통 채널 하나가 통째로 세 회사로 넘어간 것이
나 다름없다.

더 큰 문제는 이들 업체들의 사업 목적이 '마진'에 있지 않다는 점
이다. SKT의 경우 이미 2,500만 명의 고객 데이터를 갖고 있으니, 이
들의 쇼핑 정보까지 갖게 될 경우 나중에 신규 사업을 진행하는 데
훌륭한 리소스가 될 수 있지 않을까 하는 아이디어가 들어가 있었다.
네이버쇼핑의 주 수익원은 유통 판매수수료가 아니라 검색 카테고리
확대를 통한 광고/마케팅 수입이다. 심지어 네이버쇼핑은 숍인숍으
로 입점 업체들로부터 받는 판매수수료 일부를 고객들에게 페이백해
주고 있다. 그래서 국내 온라인으로 상품을 가장 싸게 살 수 있는 방
법은 네이버쇼핑의 가격 비교를 타고 들어가 해당 사이트에서 구매
하는 것이다. 유통 사업이 다른 뭔가를 위한 '수단'이 된 것이다. 유통
사업에서 수익을 남길 필요가 없으니 추가적인 가격 하락 요인이 되
었다.

모든 사업은 돈을 벌기 위해 한다. 기존 오프라인 유통 업체들은
유통 사업에서 이익을 반드시 내야 하지만 11번가와 네이버쇼핑에
게 마진은 옵션이 되었다. 마진에 대한 가정이 깨진 것이다. 기존 유
통 업체들의 높은 바잉 파워에 의한 GPM 우위는 의미가 없어졌다.
'이익 나지 않는 큰 회사'들이 등장하게 된 것이다. 경쟁은 심화되고,
상품 가격은 하락할 수밖에 없다. 온라인 유통은 제로마진으로 귀결

되고 있다. 돈을 벌기 위해 유통 사업을 전개하는 기존 유통 업체들은 당황스럽다. 롯데쇼핑/신세계/현대백화점 등 오프라인 비중이 절대적이었던 기존 대형 유통 업체들은 온라인 채널 침식으로 시장점유율이 떨어질 뿐 아니라 고정비 부담이 커지면서 구조적인 수익성 하락 국면에 접어들게 되었다.

소비의 국경선이
소멸되다

　예전에 르네휘테르라고 하는 유명한 탈모샴푸 가격이 한국 백화점에서는 5만 원, 면세점에서는 3만 원, 프랑스 현지 온라인 매장에서는 1만 원밖에 안 하는 것을 보고 깜짝 놀란 적이 있다. 해외 브랜드가 현지보다 국내에서 판매 가격이 더 높은 이유는 3가지로 요약된다.

　첫째, 글로벌 브랜드에 대한 '베블런 효과' 때문이다. 과시욕이나 허영심으로 가격 상승이 오히려 수요 증가를 가져올 수 있다. 샤넬 가방의 가격이 올라가는데 오히려 판매가 증가하는 현상을 예로 들 수 있다. 하지만 샤넬 가방은 '샤넬 재테크'라는 말이 있을 정도니까 중고 가격도 계속 상승하기 때문에 정상가 판매 가격이 더 오르기 전에 미리 사 놓는 것이 합리적인 소비일 수 있다. 아무튼 이런 소비는 가격이 오르면 수요가 감소하는 정상재에서 벗어나 있기 때문에 논의 대상이 아니다.

둘째, 중간 유통 업체의 마진 때문이다. 브랜드가 해외 진출을 모색할 때 대체로 초기 3년 내외는 현지 유통을 대행하는 성대리상(중국)이나 수입 브랜드 MD^{Merchandising} 업체를 통해 진출한다. 처음부터 직진출할 경우 법인 설립과 플래그십 스토어 오픈 등 초기 비용 대비 불확실성이 크기 때문이다. 이는 중간 유통 단계를 추가하면서 현지 판매 가격을 높이는 원인이 된다.

셋째, 수요함수의 차이 때문이다. 본국 대비 수요층이 한정되어 있을 경우 고정비 부담이 크기 때문에 일정 마진을 확보하기 위해 판매 가격을 높이는 것이다. 경제학 원론에 나오는 이중가격제의 원리다.

이러한 국경 간 가격 차이는 해외직구와 같은 온라인 쇼핑 확대로 크게 완화되고 있다. 해외직구를 주저하게 만드는 장애물은 크게 3가지인데, ① 신뢰성, ② 배송비/배송시간, ③ 관세다. AS와 반품 가능성은 차치하고 구매 대행 딜러를 경유할 경우 딜러에 대한 신뢰도가 근본적인 문제가 될 수 있다. 배송시간이 길다는 점도 부담이지만 20달러짜리 제품에 대해서 배송비가 40달러가 되는 경우도 있어 직접 구입에 대한 가격 메리트가 떨어지는 것도 한계다. 200달러(목록통관의 경우)를 넘어가는 상품의 경우 과세표준이 달라지면서 높은 관세가 부과되고 실제 소비자 가격을 높인다.

하지만 이러한 장애 요인들은 지난 10년에 걸쳐 크게 완화되었다.

제품에 대한 신뢰성과 배송 관련 문제는 점진적인 기업화로 규모의 경제가 형성되면서 해결되었다. 2013년 이후 해외직구 시장 규모가 커지면서 국내외 업체들이 속속 시장에 진입하였고, 사업 규모를 키웠다. 코리아센터는 대표적인 해외직구 업체로 국내 1위 해외배송 대행 서비스 업체 '몰테일'을 운영하고 있다.

관세는 FTA로 완화되고 있다. 이미 한미FTA 이후 개인이 자가 사용을 위해 반입하는 특정 물품에 관해서는 일반통관보다 과세 기준이 완화된 목록통관을 허용하고 있다.[5] 해외직구는 200달러 이하 제품에 대해서 의미가 있다. 소모품이면서 브랜드력이 높은 상품 카테고리가 가장 활성화되고 있다. 그 이상일 경우 국내 판매가와 가격차이가 현저할 때만 제한적으로 유용하다. 예를 들어 LG전자 TV 해외직구는 미국의 블랙프라이데이 때만 의미가 있다.

여기서 한 가지 더 주목해야 할 부분은, 면밀히 분석해 보면 해외직구와 기존 독점 유통 업체를 통한 백화점 판매 가격차가 사실 크지 않다는 점이다. 해외직구는 기존 유통 단계에서 존재하지 않는 '개별 배송비'와 '딜러 수수료' 등이 발생하고, 독점유통과 달리 '소매 가격'으로 사 오기 때문이다. 결국 이러한 해외직구가 발생하게 된 원인은 해당 상품에 대해 독점유통 업체나 백화점이 지나친 고마진을 취하고 있었기 때문이다.

해외직구 시장은 2014년 1.6조 원에서 2020년 4.1조 원까지 2.5배

---

5 2012년 3월 이후 일반통관은 150달러, 목록통관은 200달러까지 관세가 면제된다.

성장하면서 소비자들의 가격 선택 범위를 넓히고, 효용을 증대시켜 오고 있다. 국가 간 판매 가격 차이를 축소시키는 역할을 하고 있다. 지속적인 해외직구 수요 증가는 추가 투자를 유도하고 규모의 경제 효과로 추가적인 ASP 하락으로 이어질 수 있다.

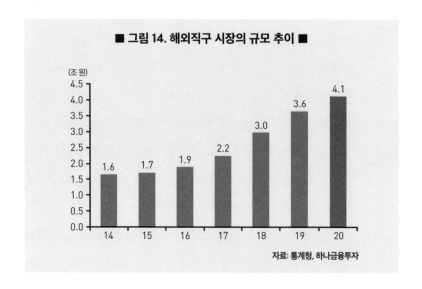

■ 그림 14. 해외직구 시장의 규모 추이 ■

자료: 통계청, 하나금융투자

이와 같이 대행 업체 증가와 물류 인프라 개선으로 글로벌 브랜드 업체들의 해외 진출은 훨씬 수월해졌다. 국내 브랜드 업체도 마찬가지다. 대중국 브랜드력이 높은 아모레퍼시픽과 LG생활건강은 역직구몰을 별도로 운영하고 있으며, 실적 기여도도 높아지고 있다.

결국 온라인 유통 시장이 확대되면서 소비 밸류체인 상에 있는 경제주체들, 즉 소비자와 유통, 브랜드 업체 모두 가격 하락 유인이 발생했다. 온라인 유통 업체의 경우 신규 투자와 고정비 부담이 제한적인 만큼 좀 더 저렴한 가격으로 상품을 판매할 수 있게 되었다. 낮은 진입장벽 때문에 이종 산업 메이저 업체들이 유통 시장에 속속 진출 했는데, 이들은 유통 사업을 '수단화'하면서 온라인 유통 시장을 '제로 마진'으로 이끌어 가고 있다. 소비자는 쇼핑 접근성이 높아지고, 가격 비교가 수월해지면서 소비의 합리성이 상승했고, 브랜드 업체는 해외 진출 비용 부담이 완화되면서 소비시장이 넓어진 것과 같은 효과 를 누릴 수 있게 되었다.

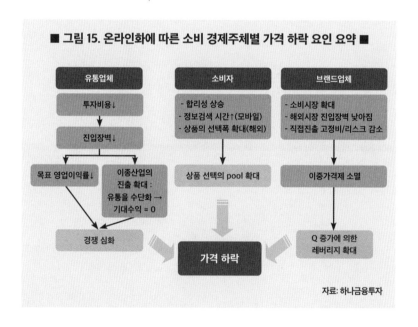

■ 그림 15. 온라인화에 따른 소비 경제주체별 가격 하락 요인 요약 ■

자료: 하나금융투자

3장

소비 밸류체인과
경제주체들은
누구인가?

가계-유통-브랜드-OEM/ODM

  지금까지 쿠팡이 아직 이익을 내지는 못하지만 절대적인 시장점
유율을 확보한다면 훨씬 큰 수익을 낼 수 있을 것이고, 그게 말도 안
될 것 같은 높은 밸류에이션으로 나타난다고 논증했다. 그러면서 의
문 부호를 던졌다. "어떻게 매출이 14조 원이나 되는데 여전히 영업
적자인가?"라는 질문이다. 그것은 온라인 유통 시장의 구조적인 현
상이었다. 기존 유통 시장을 지탱했던 2가지 가정, 즉 '진입장벽'과
'마진'에 대한 가정이 깨졌기 때문에 ASP 하락이 나타나게 되고, 그래
서 온라인화는 곧 ASP 하락이라고 정의했다. 이어서 ASP 하락이 소
비자부터 유통 업체, 브랜드 업체들에서 모두 발생하게 되는 원인이
있음을 살펴보았다.

이제 온라인화, 즉 ASP 하락이 소비시장에 참여하는 각 경제주체들에게 어떤 영향을 주었는지 살펴볼 것이다. ASP 하락은 가격 체계가 변동되는 것이기 때문에 소비시장을 왜곡시킬 수밖에 없다. 시장 참여자들의 역할과 상황에 따라 긍정과 부정이 달라지는 것이다. 그래서 소비 경제주체들에게 미치는 영향에 대한 분석은 특히 개별 업체들이나 업종의 중·장기 전망과 투자 전략에 굉장히 중요한 분석이라고 할 수 있다.

컨슈머 업종에는 다양한 경제주체가 있다. 예를 들어 클리오의 킬커버 광채쿠션을 살 경우, 올리브영이나 11번가 등 유통 업체를 통해 구매한다. 클리오와 같은 브랜드 업체가 직접 유통하는 경우는 드물다. 얼마 전까지 클럽클리오라는 원브랜드숍을 운영했지만, 여러 한계에 부딪치면서 규모를 크게 줄였다. 브랜드 사업은 소비자의 기호와 트렌드를 파악하면서 제품의 퀄리티를 높이는 게 핵심이지만, 유통 사업은 소비 패턴과 동선을 파악하면서 소비자와 접점을 확대하는 게 핵심 역량이다. 그래서 일반적으로 브랜드와 유통 사업은 분리돼 있다.

아울러 클리오는 킬커버 광채쿠션을 직접 생산하지 않는다. 제품 개발과 마케팅을 주로 담당하고, 생산은 다양한 화장품 카테고리 생산시설을 갖추고 있는 전문 ODM 업체, 코스맥스 몫이다. 브랜드 업체가 생산시설을 갖는 경우도 있지만 경우에 따라 다르다. 화장품의 경우 럭셔리/프리미엄 라인은 그 회사의 시그니처 브랜드이고, 제품의 연속성이 길며, 처방전의 보안도 중요하기 때문에 자체 생산하는 경우가 많다. 하지만 중저가 라인의 경우 제품 교체주기가 짧고 트렌디하기 때문에 다양한 카테고리 생산 인프라를 보유하고 있는 OEM/ODM 업체에 생산을 맡기는 게 효율적이다.

한편 브랜드가 유통 업체에 입점하는 방식은 재고 부담 주체와 입점 수수료 방식에 따라 특정매입/직매입/임대갑/임대을 방식이 있다. 유통 업체에서 소비자에게 상품이 전달되는 과정을 보면, 오프라인 유통의 경우 소비자가 직접 제품을 수령하지만 온라인 유통의 경우 '배송' 단계가 하나 더 들어간다. 물류와 배송을 모두 내재화하는 쿠팡과 같은 방식이 있고, 쓱닷컴과 G마켓(스마일배송)처럼 물류센터는 내재화하고 배송은 지입차 방식 외주를 맡기는 업체들도 있다. 11번가나 위메프, 티몬 같은 오픈마켓 업체들은 배송에 관여하지 않는다. 물류센터의 경우 각 회사의 상품 카테고리와 규모, 자본 여력에 따라 자동화 정도가 다르다. 쿠팡은 물류센터가 대단히 크지만 인력이 그만큼 필요하며, 쓱닷컴은 SKU^Stock Keeping Unit가 적은 만큼 DPS^Digital Picking System 시스템으로 효율성을 높였다.

결국 소비 밸류체인은 코스맥스/한국콜마/영원무역/한세실업 등의 OEM/ODM 업체에서 시작해서 아모레퍼시픽/LG생활건강/한섬/휠라코리아 등 브랜드 업체, 롯데쇼핑/현대백화점/신세계/이마트/쿠팡과 같은 유통 업체를 거쳐 최종 소비자에 이르게 된다. 그리고 이들 경제주체 사이에는 여건에 따라 다양한 관계가 존재하기 때문에 해당 산업의 성격과 향후 방향을 이해하고 전망하는 데 소비 밸류체인 분석은 큰 도움이 된다. 4명의 소비 밸류체인 주인공, '소비자(가

계)-유통-브랜드-OEM/ODM'의 성격과 특징, 그리고 온라인화가 각
경제주체별로 미치는 영향에 대해서 구체적으로 살펴보자.

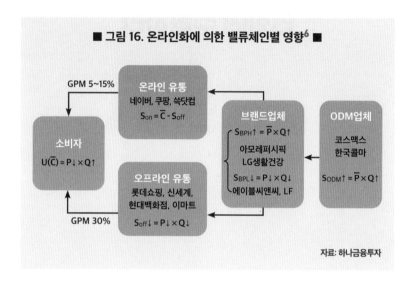

■ 그림 16. 온라인화에 의한 밸류체인별 영향[6] ■

자료: 하나금융투자

---

6 브랜드 업체에서 BPH는 Brand Power High, BPL는 Brand Power Low를 뜻한다.

가계의 소비 패턴 변화에 주목하라

　내수 경기의 시작점은 소비다. 소비가 회복되어야 기업의 이익이 증가하고, 기업이 투자를 하고, 임금이 상승하고, 고용이 증가하면서 가계소득이 증가하고, 다시 소비가 늘어나면서 선순환한다. 그래서 가계가 돈이 얼마나 있는지(구매력), 가계가 돈을 얼마나 쓰는지(소비성향), 가계가 돈을 어디에 쓰는지(소비 패턴)에 따라 소비시장은 변동하게 된다.

　가계의 특징은 단순하다. 좋은 제품을 싸게 사는 게 목표이고, 가계의 예산은 한정돼 있고, 철저히 합리성을 따른다. 옷과 같은 유형상품에서 여행과 같은 무형상품까지 되도록 많이 소비를 통해서 효용을 상승시키는 것이 목표다.

다음과 같은 함수식을 만들 수 있다. U(효용)=f(C=P×Q)가 된다. C는 예산, P는 가격, Q는 수량이다. 재화의 종류가 여러 개 있다면, C=P1×Q1+P2×Q2+P3×Q3…로 확장될 수 있다. 그럼 여기서 C, P, Q를 결정짓는 요인에 대해 구체적으로 들어가 보자.

C: 예산[7], 가계 구매력

예산은 가계 구매력에 따라 달라진다. 가계 구매력의 원천은 어딜까? 월급과 같이 매월 정기적으로 유입되는 돈이 있을 수 있고, 예금이나 주택과 같은 자산도 있을 것이다. 가계 구매력은 가처분소득과 자산가치로 나눌 수 있다. 가처분소득에는 고용/임금이 중요한데, 고용의 선행지표가 되는 수출과 설비투자 지표까지 범위를 넓힐 수 있다. 자산가치는 금융자산과 부동산으로 다시 구분할 수 있는데, 금융자산에는 예/적금과 주식, 부채가 포함된다. 일반적으로 예/적금은 변동성이 작기 때문에 상수로 취급하고, 부채에는 이자율이 중요한 변수가 된다. 물론 부동산은 가격지표 이외에도 정부 정책 변수가 추가적인 문제가 될 수 있다.

여기에서 몇 가지 지표는 논란이 있을 수 있다. 예를 들어 이자율 상승은 가계 구매력에 긍정적일까? 부정적일까? 이자율 상승은 예금

---

7 C는 Budget Constraint에서 가져왔다.

자산이 많은 가계에 금융소득을 증가시키기 때문에 가계 구매력을 높일 수 있지만, 반대로 부채가 많은 가계 입장에는 이자부담이 증가하기 때문에 가계 구매력에 부정적이다. 한국 가계의 2020년 부채 규모는 1,726조 원, 저축성예금 규모는 629조 원이다. 가계 부채가 예금보다 월등히 크기 때문에 이자율 상승은 가계 구매력에 부정적이라고 보는 게 타당하다.

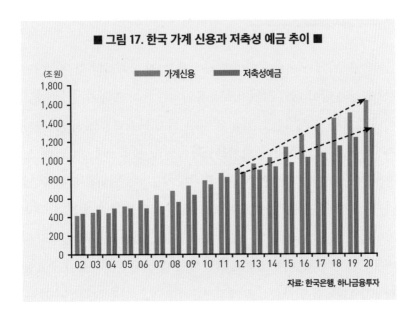

■ 그림 17. 한국 가계 신용과 저축성 예금 추이 ■

자료: 한국은행, 하나금융투자

모든 매크로 지표는 경우에 따라 긍정과 부정이 엇갈린다. 부동산 가격도 마찬가지다. 부동산 가격이 상승하면 집값 부담이 커지니까 소비를 줄이지 않을까라는 우려를 할 수 있지만, 한국의 전체 가계 자산의 75%가 부동산이기 때문에 부동산 가격 상승은 소비에 긍정적이다. 특히 사치재 소비에 그렇다. 월급이 오르면 기념으로 삼겹살 회식을 하지만 아파트 가격이 오르면 백화점에서 명품을 산다. 백화점 소매 판매는 서울 아파트 가격 추이와 상당한 상관관계를 보인다.

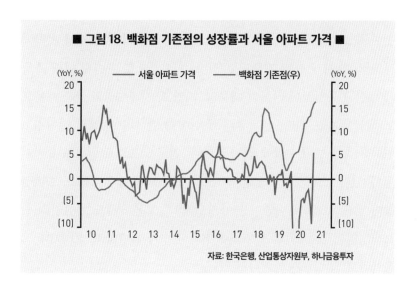

■ 그림 18. 백화점 기존점의 성장률과 서울 아파트 가격 ■

자료: 한국은행, 산업통상자원부, 하나금융투자

　가계 부채 증가도 가계 구매력에 부담이 될 수 있다. 가처분소득 급감(실업 등)으로 이자 비용을 부담할 수 없게 되거나, 금리가 가파르게 상승하여 이자부담이 갑자기 커지거나, 주택 가격이 급락하여 자산가치 하락과 원리금 상환 부담이 커질 때는 문제가 될 수 있다. 그런 상황이 아니라면, 더구나 최근처럼 부동산 가격이 상승하고 있을 때는 가계 부채 증가가 소비를 제약하지 않는다.

　그런데 가계 구매력이 커도 저축을 점점 많이 하고 있다면 소비 예산은 줄어들 수 있다. 따라서 가처분소득 가운데 얼마만큼 소비를 하고 있는지, 얼마만큼 소비를 할 것인지가 중요하다. 가계 소비성향에 대한 분석이다. 가계 소비성향은 가처분소득 가운데 소비지출에 쓰인 금액의 비율을 말한다. 가처분소득(가계 구매력)에 가계 소비성향을 곱하면 가계 소비지출(즉 예산)이 된다.

가계 소비성향은 중·장기적으로 하락하고 있다. 소비성향 하락에는 여러 가지 요인이 거론되고 있다. 저성장으로 가면서 미래 소득에 대한 불확실성이 커졌기 때문일 수 있고, 기대수명의 상승 때문으로 해석할 수도 있다. 은퇴 이후에 살아야 할 시간이 점점 길어지고 있어 저축을 늘릴 수밖에 없는 것이다. 인구 구조의 고령화도 요인이 될 수 있다. 소비성향이 높은 20~30대 인구 비중이 줄어들고, 소비성향이 낮은 50~60대 비중이 높아지고 있다. 고용 구조도 마찬가지다. 소비성향이 높은 20대 고용률과 취업자 수가 하락하고, 50~60대 고용률과 취업자 수가 늘어나고 있다.

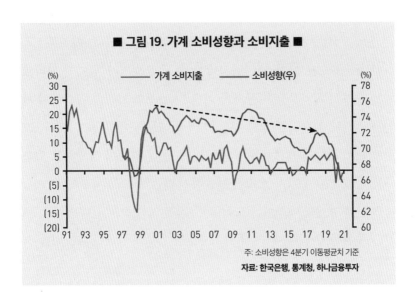

■ 그림 19. 가계 소비성향과 소비지출 ■

주: 소비성향은 4분기 이동평균치 기준
자료: 한국은행, 통계청, 하나금융투자

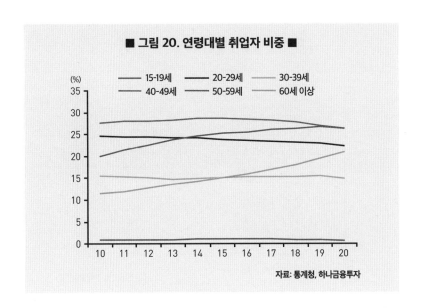

■ 그림 20. 연령대별 취업자 비중 ■

15-19세　　20-29세　　30-39세
40-49세　　50-59세　　60세 이상

자료: 통계청, 하나금융투자

　단기적으로는 소비심리와 동행성이 높다. 소비심리는 향후 6개월 소비를 현재 대비 늘릴 것인가에 대한 전망을 조사한 지표이기 때문에 소비성향과 동행성이 높을 수밖에 없다. 가계 구매력에서 소비성향을 곱하면 C가 산출된다. 결국 C에 대한 분석은 산업 분석이 아니라 매크로 분석이라고 볼 수 있다.

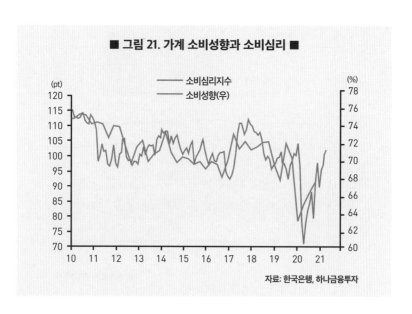

■ 그림 21. 가계 소비성향과 소비심리 ■

소비심리지수
소비성향(우)

자료: 한국은행, 하나금융투자

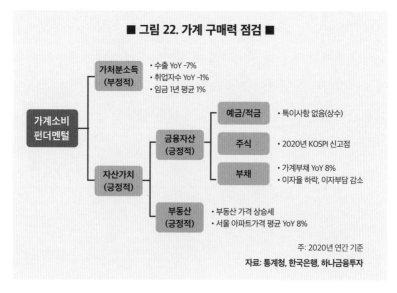

■ 그림 22. 가계 구매력 점검 ■

가계소비
펀더멘털

가처분소득
(부정적)
- 수출 YoY -7%
- 취업자수 YoY -1%
- 임금 1년 평균 1%

자산가치
(긍정적)

금융자산
(긍정적)

예금/적금 · 특이사항 없음(상수)

주식 · 2020년 KOSPI 신고점

부채
· 가계부채 YoY 8%
· 이자율 하락, 이자부담 감소

부동산
(긍정적)
· 부동산 가격 상승세
· 서울 아파트가격 평균 YoY 8%

주: 2020년 연간 기준
자료: 통계청, 한국은행, 하나금융투자

P: 가격, 인플레이션

P는 가격이다. 가계는 재화를 가장 저렴하게 사기 위해 최대한 노력한다. 온라인화로 소비자물가 상승률이 1% 내외를 몇 년째 계속 유지하고 있지만 인플레이션에 대한 논란은 여전하다. 물가는 가계의 동일한 예산에 대한 구매력을 결정짓는 요소다. 물가가 상승하면 화폐의 구매력은 하락하고, 물가가 하락하면 구매력은 상승한다. 따라서 물가 하락은 일반적으로 소비에는 우호적 환경이 된다.

물론 물가 하락이 반드시 긍정적인 것은 아니다. 그 요인이 무엇이냐에 따라 달라진다. 물가는 일반적으로 원가와 같은 공급측 요인에 의해 발생할 수 있고, 소비 수요의 개선과 위축 등 수요측 요인에 의해서도 나타날 수 있다. 만일 물가 하락이 공급 원가 하락에 의해서 발생한 것이라면 소비에 긍정적이다. 반대로 수요 위축에 의해 발생했다면 경기가 안 좋다는 말이기 때문에 좋게 보기 어렵다.

물가 상승은 반대로 보면 된다. 물가 상승은 일반적으로 소비에 부정적이지만, 소비 수요 회복에 의한 '수요 견인 인플레이션Demand-Pull Inflation'이라면 굳이 부정적으로 해석할 필요가 없다. 일반적인 경기 회복기의 물가 상승은 오히려 경기 회복의 신호가 되기도 한다. 만일 공급 원가 상승에 의한 '비용인상 인플레이션Cost-Push Inflation'이라면 소비심리 위축 요인이 된다. 대표적인 예가 2011년이다. 글로벌 상품 가격이 계속 상승하면서 국내 소비자물가 상승률은 5%에 육박했다. 7월을 기점으로 국내 소비와 소비심리가 모두 크게 위축되었고, 물가 역시 수요 위축으로 하락하기 시작했다.

인플레이션이 발생하면 판매 가격과 매출이 증가하니 유통 업체 실적에 긍정적이지 않을까 하는 기대가 늘 있다. 물론 쌀과 고기, 채소와 같은 식품을 중심으로 생활에 꼭 필요한 필수재의 가격 상승은 유통 업체들에게 긍정적이다. 2015년 담배 가격이 상승했을 때 편의점 업체들의 실적과 주가가 크게 상승한 바 있다. 하지만 정상적인 재화라면 인플레이션은 소매 판매와 소비심리에 일반적으로 부정적이다.

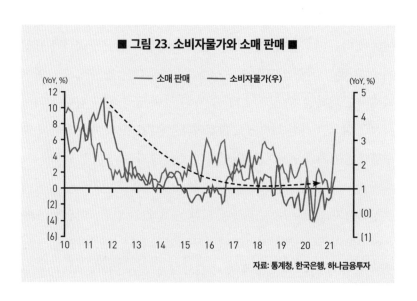

■ 그림 23. 소비자물가와 소매 판매 ■

자료: 통계청, 한국은행, 하나금융투자

Q: 재화의 양과 종류, 소비 패턴

Q는 소비하는 재화의 양과 종류를 의미하는데 소비 패턴에 따라 변한다. 가족들이 중국집에 가서 식사를 할 때, 한정된 예산 C를 갖고 각자 자장면 한 그릇씩을 배부르게 먹을 수도 있고, 탕수육 하나만 주문해서 배는 부르지 않지만 더 맛있게 먹을 수도 있다. 소비자의 성향에 따라 탕수육을 먹는 소비가 효용을 더 높일 수도 있다. 한편 중국집에 가지 않고 파스타로 아예 메뉴를 바꿀 수도 있다. 유통 업체들 입장에서는, 특히 후자와 같은 소비 패턴 변화가 실적에 큰 영향을 미칠 수 있다. 사람들이 더 이상 옷을 사지 않는 대신 여행을 자주 간다면, 가계 구매력과 소비성향이 높더라도 백화점의 실적 개선으로는 이어지기 어렵기 때문이다.

온라인 유통 확대의 최대 수혜자

가계, 즉 소비자는 온라인 유통 시장 확대의 최대 수혜자다. 소비자들은 시간/공간/정보의 제약으로 어쩔 수 없이 비싸게 사거나, 원하는 물건을 구할 수 없어 대체재를 구매할 수밖에 없을 때도 있었다. 온라인화는 이런 제약 조건을 크게 완화하면서 소비자 후생을 극대화한다.

유통 시장이 보다 '완전경쟁'에 가까워지면서 유통 업체들은 초과 수익을 기대하기 어려워졌고, 소비자는 동일한 예산 제약 하에서 원하는 상품을 저렴한 가격에 구매할 수 있게 되었다. 물론 배추나 무 등 신선식품의 경우는 작황에 따라 가격 변동이 크기 때문에 이런 가격 하락 구조와 거리가 있다. 2020년에는 역대급 긴 장마로 500원짜리 애호박이 5,000원이 되기도 했다. 애호박 재테크라는 말이 나오기도 했다.

하지만 공산품은 가격이 확실히 싸졌다. 캔 음료나 과자들을 번들로 판매하고 있으며, 가장 흔히 마시는 생수도 온라인으로 유통 구조가 다양화되면서 이전보다 훨씬 저렴하게 구매할 수 있게 되었다. 그런데 가격이 싸졌다고 소비액 자체가 감소한다고 보긴 어렵다. ① 효용을 높이기 위해 동일 상품을 더 많이 사거나(Q1+Q1), ② 평소에 사고 싶었던 더 좋은 상품을 구매할 수 있으며(Q1→Q1'), ③ 다른 상품을 추가로 구입할 수도 있다(Q1+Q2). 예를 들어 5만 원의 예산이 있다고 할 때, 이니스프리 에센스를 하나 더 사거나(Q1+Q1), 평소에 사고 싶었던 윤조 에센스를 싸게 살 수 있다(Q1→Q1'). 아니면 에센스는 1개만 있어도 되니 이니스프리 에센스와 에어쿠션 조합을 만들 수 있다(Q1+Q2).

이 전망의 차이에 따라 브랜드 업체들에 미치는 영향이 달라질 수 있다. 어떤 방식으로든 가계의 효용은 증가하게 되지만 이런 가계의 소비 행태 변화는 유통/브랜드/OEM 후방산업으로 이어지면서 산업 구조에 큰 영향을 미치게 된다.

유통 업체 P와 Q가 모두 하락하다

가계에 이어서 온라인화가 유통 업체에 미치는 영향을 살펴보자. 온라인 유통 시장은 2013년 이후 스마트폰 보급률이 큰 폭으로 상승하면서 본격적인 성장가도를 달리고 있다. PC/가전, 생활용품, 의류/화장품 등 공산품에 이어서 2018년부터는 식품 카테고리까지 영역을 넓혔다.

온라인이 유통 업체에 끼친 영향에 대한 분석을 들어가기에 앞서 전반적인 이해를 돕기 위해 온라인 유통 확대 이전에는 어떤 유통 채널들이 흥망성쇠를 보여 왔는지, 한국 기업형 유통의 간략한 역사를 살펴보고자 한다.

물론 한국 백화점의 역사는 지금 신세계백화점 명동 본점의 전신인 미쓰코시백화점 경성지점(1929년)부터 시작하고, 롯데백화점 소공동 본점은 1979년에 세워졌다. 하지만 이 글의 목적은 유통의 역사를 살펴보자는 것이 아니다. 한국 유통 산업이 큰 변화를 맞이하기 시작한 지점은 IMF구제금융 위기를 겪고, 카드 사태로 또 한 번 큰 내수 소비 부진을 경험했던 2000년대 초반부터라고 할 수 있다.

2000년 초부터 2008년 금융위기 전까지는 안정적인 내수 소비시장 성장을 기반으로 소비 채널의 기업화/서구화가 크게 이루어진 시기다. 대형마트의 고성장기로 이마트를 선두로 홈플러스/롯데마트가 주도했다. 이마트는 1993년 11월 창동점을 1호점으로 시작, 2000년 이후 한국 식품 유통의 기업화를 선도한 업체다. 특히 미국식 창고형 진열 레이아웃을 버리고, 대신 카테고리를 늘리면서 백화점식 쇼핑의 즐거움을 접목시킨 한국형 대형마트를 처음으로 선보였다.

2000년 27개에 불과하던 이마트(할인점)는 2008년 금융위기 전까지 연평균 10개 이상씩 증가, 2010년 128개까지 증가했다. IMF 위기 이후 1999~2008년 연평균 23%의 고신장을 기록했다. 특히 2005~10년 여러 M&A가 발생하면서 대형 3사로 시장점유율이 모였다. 2006년 5월 이마트가 월마트코리아(점포 16개)를, 2008년 5월 홈플러스가 홈에버(점포 35개)를, 2010년 2월 롯데마트가 GS마트(점포 14개)를 각각 인수하면서 시장재편이 마무리되었다. 이마트와 홈플러스, 롯데마트는 치열한 시장점유율 경쟁을 벌였지만, 최근에는 이마트가 압도적인 우위에 있다.

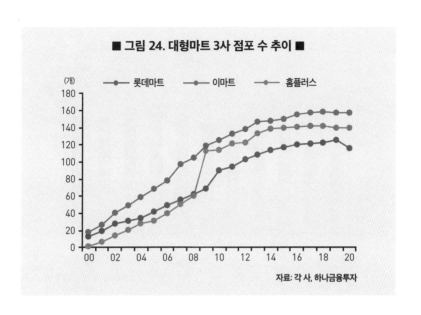

■ 그림 24. 대형마트 3사 점포 수 추이 ■

(개)
롯데마트   이마트   홈플러스

자료: 각 사, 하나금융투자

　2008년 리먼 사태로 인한 금융위기 이후 소비가 가파르게 증가했
는데, 사치형 소비의 확대로 백화점이 호황기를 맞이했다. 2010~11
년 백화점의 기존점 성장률은 10%를 훌쩍 넘기 일쑤였다. 최근처럼
기존점 성장률 5%만 나와도 서프라이즈로 인식하는 때와 차원이 달
랐다. 그래서 당시 신규 점포는 물론 기존점 리뉴얼도 활발하게 이
루어졌다. 신세계 의정부점, 판교 현대백화점이 모두 이 기간에 오픈
한 점포들이다. 백화점 판매의 50% 이상이 의류 매출이었기 때문에
한섬과 LF, 신세계인터내셔날 등 패션 업체 실적과 주가도 크게 뛰었
다. 그러나 2012년 이후 저성장기로 진입하면서 리뉴얼/신규 오픈
점포들은 그 빛을 제대로 보지 못한 경우가 많다.

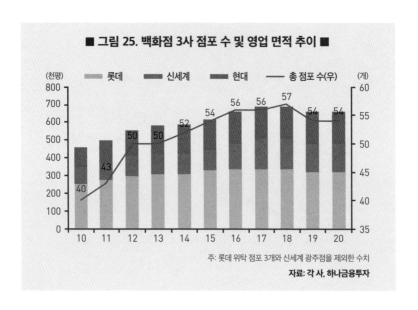

■ 그림 25. 백화점 3사 점포 수 및 영업 면적 추이 ■

주: 롯데 위탁 점포 3개와 신세계 광주점을 제외한 수치
자료: 각 사, 하나금융투자

저성장 국면으로 접어들면서 합리적/가치형 소비가 확산하였다. 2012~13년 백화점 핵심 카테고리였던 의류와 화장품 카테고리가 대거 홈쇼핑으로 유입되면서 2년 정도 홈쇼핑이 크게 성장했다. 케이블TV 보급률이 최고치를 기록하는 우호적인 사업 환경 변화도 있었다. 하지만 2014년 이후 모바일 중심의 온라인 채널이 고신장하면서 홈쇼핑 업체들도 고객 이탈을 피할 수 없었다.

2014년부터는 온라인 채널과 함께 편의점 시장이 고신장했다. 1~2인 가구 확대로 소량/간편 구매 성향이 늘었기 때문이다. 2015년 담뱃값 인상 효과도 큰 역할을 했다. 2018년 이후 오프라인 유통의 마지막 보루였던 식품 카테고리까지 온라인 채널이 침투하면서 식품 온라인 시장이 고신장했고, 2020년에는 코로나19 사태로 내구재 수요가 크게 증가하면서 롯데하이마트와 홈쇼핑의 실적이 좋았다. 최근에는 트레이더스와 같이 글로벌 MD로 가격 경쟁력을 제고한 창고형 마트, '노브랜드 전문점'과 같이 PB브랜드 매출이 대부분을 차지하는 초저가슈퍼마켓Hard Discount Store이 소비자의 관심을 크게 끌고 있다.

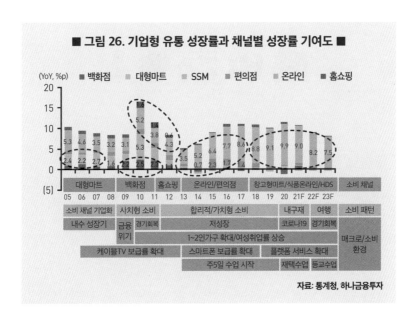

■ 그림 26. 기업형 유통 성장률과 채널별 성장률 기여도 ■

자료: 통계청, 하나금융투자

홈쇼핑[8] : 최고의 마케팅 채널

물건값보다 TV 홈쇼핑 수수료가 많다?

1년에 한두 번씩 꼭 나오는 뉴스가 홈쇼핑/백화점/대형마트의 갑질이다. 높은 판매수수료, 마케팅비 전가, 강제 행사 등 여러 가지다. 물론 근거 없는 뉴스는 아니지만, 그 전에 이런 판매수수료가 기본적으로 시장 원리에 의해 이루어지고 있다는 점을 알아 둘 필요가 있다. 홈쇼핑 채널에서도 브랜드력이 높은 제품들은 판매수수료도 낮

---

8 이 책이 '온라인화'를 다루고 있기 때문에 주로 대형마트와 백화점 등 대형 유통 채널을 중심으로 전개하게 되었다. 그래서 홈쇼핑과 편의점 채널은 유통 시장에서 차지하는 비중에 비해 지면을 차지하는 공간이 작게 되었다. 채널의 특징과 이슈만 간단히 소개한다.

고 이익도 많이 난다. 실제로 아이오페/Age20's/AHC/한샘 등은 홈쇼핑에서 10% 내외 마진을 기록했거나 기록하고 있다. 반면에 신규 브랜드들은 홈쇼핑에서 사실상 수익을 기대하기 어렵다. 판매수수료가 높거나 정액으로 가기 때문이다.

홈쇼핑 업체들은 시간당 2억 원 내외의 수수료 수익(순매출)을 기대한다. 예를 들어 아이오페는 브랜드력이 높기 때문에 시간당 매출 6억 원 이상을 기록할 수 있고, 판매수수료를 30%만 해도 2억 원을 기록할 수 있다. 이 사실을 아이오페도 알기 때문에 판매수수료를 30%만 받으라고 요청할 수 있다. 브랜드 업체의 협상력이 높다. 하지만 신규 브랜드들은 시간당 매출 6억 원이 나온다는 보장이 없다. 판매가 부진해서 1억 원이 나올 수도 있다. 그래서 정액수수료를 받곤 했는데, 최근에는 법적으로 정액수수료 비중을 통제하고 있다.

그럼 홈쇼핑 업체에서는 왜 아이오페 같은 유명 브랜드를 매 시간 방송하지 않을까? 플러스알파의 수익이 없기 때문이다. 아이오페 같은 유명한 브랜드는 얼마 판매될지 뻔히 알고, 브랜드 업체의 협상력이 워낙 좋기 때문에 홈쇼핑 업체는 시간당 2억 원 이상 순매출을 기대하기 어렵다. 하지만 신규 브랜드는 어쩌다 '대박'이 나면 정액수수료에 판매수수료까지 2억 원 이상 플러스알파를 기대할 수 있다.

신규 브랜드들은 왜 손해 날 게 뻔한데도 홈쇼핑에서 방송하기 원할까? 마케팅 효과 때문이다. 예를 들어 한샘 키친바흐의 경우, 텔레비전 15초 광고로는 이미지밖에 전달하지 못한다. 하지만 홈쇼핑에서는 1시간 동안 다양한 편의성과 재질, 사용법 등에 대해서 자세히 설명할 수 있다. 그래서 브랜드 업체들은 30%가 넘는 높은 판매수수료에도 불구하고 그 파급력과 전달력 때문에 홈쇼핑 채널을 선호한다.

한샘은 오프라인 가맹점도 있는데, 홈쇼핑에 방송하면 가맹점주의 수입이 떨어질 수 있기 때문에 가맹점주들의 초기 반응이 시큰둥했다. 하지만 홈쇼핑 방송 이후에 오프라인 가맹점에 방문객이 더 늘어서 가맹점주들이 찬성으로 돌아섰다고 한다.

브랜드 업체 입장에서 홈쇼핑은 광고 채널이다. 반응이 좋으면 방송횟수가 늘어나게 되고, 판매수수료는 낮아지며, 다른 홈쇼핑에서도 방송할 수 있게 된다. 물론 이렇게 되는 브랜드는 일부다.

대형마트와 백화점 모두 마찬가지다. 유통 업체와 브랜드 업체(벤더) 간 판매수수료는 철저히 유통 업체들의 바잉 파워와 벤더들의 브랜드력 싸움의 결과다. 시장 원리에 의해 소수점 두 자리까지 판매수수료와 제반 계약조건이 형성되는 냉혹한 시장이다. 벤더들이 수익을 못 냈다면 홈쇼핑 갑질 때문이 아니라 제품이 소비자들에게 어필을 못했기 때문이라고 보는 게 바람직하다.

그래도 홈쇼핑을 계속 찾는 이유

소비자 입장에서 홈쇼핑의 가장 큰 장점은 역시 가격이다. 최소한 현재 TV 홈쇼핑에서 방송하고 있는 상품은 동일 시간대 그 어느 채널보다 싸다. 이러한 가격 경쟁력은 다음과 같은 이유에 기반을 둔다.

첫째, MD 능력이다. 전 유통 채널 가운데 MD 능력은 가장 우위에 있다. 초/분 단위로 치열하게 경쟁하면서 소비자의 니즈를 파악하고, 해당 상품을 적당한 수량과 적당한 가격에 소싱, 패키징하는 능력이 자연스럽게 배양되었다.

둘째, 벤더들의 마케팅 전략이다. 전술한 바와 같이 브랜드 업체들은 홈쇼핑 채널을 수익보다는 마케팅 채널로 활용하기 때문에 벤더들이 마진을 낮추는 경우가 많고, 보다 저렴한 가격에 판매할 수 있다.

홈쇼핑은 특히 화장품 산업에 의미가 컸다. 2010년 초·중반 화장품 원브랜드숍과 메이저 브랜드 업체들이 오프라인 채널을 모두 장악했기 때문에 중소형 신규 브랜드들의 론칭 자체가 힘들던 시기에 이들이 소비자들을 만나고 기업화할 수 있는 유일한 창구가 홈쇼핑이었다. 제닉, AHC, Age20's 등은 홈쇼핑으로 성장한 대표적인 브랜드 또는 업체들이다.

홈쇼핑 업체와 벤더 간의 판매수수료율은 업체별로 천차만별이다. 철저히 협상력에 의해서 정해지는데, 협상력은 시간당 매출, 결국 브랜드력이 좌우한다. 처음 론칭할 때는 판매수수료율이 아주 높고, 홈쇼핑은 독점 방송권을 요구한다. 홈쇼핑 업체로서는 기회비용이 존재하기 때문이다. 하지만 시간당 매출이 6억 원을 넘기게 되면 벤더 업체로 협상력이 옮겨 간다. 다른 홈쇼핑 회사로 방송 채널을 확대할 수 있기 때문이다.

홈쇼핑 판매 규모가 연간 500억 원 수준을 넘어가게 되면 방송 시간과 판매수수료에 대한 결정권이 벤더 업체로 넘어간다. 홈쇼핑 업체들의 신규 MD 상품 매출이 부진할 경우, '구원투수' 역할까지 하게 되기 때문이다. 아이오페는 홈쇼핑 채널에서만 매출을 2,000억 원 가까이 기록한 것으로 추산한다.

이러한 홈쇼핑 채널은 2014년 이후 모바일 쇼핑의 침식과 경쟁 심화, 송출수수료 부담 증가 등으로 외형 성장과 수익성이 모두 떨어지기 시작했다. 하지만 홈쇼핑 업체들은 상대적으로 백화점이나 대형마트보다 안정적인 실적을 이어가고 있다. 롯데/GS/CJ/현대의 TOP4 홈쇼핑 업체는 연간 취급고를 2~3% 증가시키면서 1,500억 원 내외 영업이익을 꼬박꼬박 내고 있고, 각 그룹사의 훌륭한 캐시카우 역할을 하고 있다. TV 상품의 높은 가격 경쟁력을 기반으로 모바일 채널로 판매를 확대하면서 경계를 넓히고 있다. 차별적인 상품 경쟁력으로 최소한의 방어를 하고 있는 것이다.

편의점:
수요-공급 불균형의 반복

 2019년 유통 채널별 성장률을 보면 편의점 업종은 온라인과 면세점 다음으로 높다. 1~2인 가구 확대에 따른 소량/간편 구매 성향 확대, PB와 F/F^{Fresh Food} 등 상품 믹스 개선, 우편과 금융 등 서비스 영역 확대에 따라 2014년 이후 높은 신장세를 이어 오고 있다. 다만 편의점 가맹점주들은 때에 따라 손에 들어오는 소득이 상당히 달라진다.

 산업 성장률이 반드시 가맹점주의 소득으로 이어지는 것은 아니다. 가맹사업은 점포 수가 굉장히 중요하다. 점포 수가 지나치게 많이 증가한다면 점포당 매출은 감소할 수 있기 때문이다. 가맹점주의 소득은 점포당 매출과 관련 있는 것이기 때문에 전체 산업 성장률보다 점포당 매출을 유심히 봐야 한다.

편의점은 2012~13년 구조조정을 마치고, 2015년 담배가격 인상 효과까지 추가되면서 동일점 성장률이 빠르게 상승했다. 가맹점주의 채산성 역시 큰 폭으로 상승하면서 신규 가맹점 수요가 증가했다. 2015년에 BGF리테일/GS리테일의 TOP2 편의점 업체의 점포 순증 목표는 500개 내외에 불과했지만, 실제로는 1,000개씩 증가했다. 2016년에는 1,500개까지 큰 폭으로 증가했다. 2015~16년까지 점포당 매출이 신규 점포 증가율을 초과하는 호황기로 이어졌다.

문제는 그 다음이다. 가맹본부 영업조직의 관성은 2016년에 신규 점포가 1,500개면 2017년에는 1,500개 이상이어야 했다. 과도한 점포 공급 증가로 2017년 점포당 매출은 6년 만에 역신장했다. 동일점 성장률 제고를 전제하지 않은 신규 점포 증가로 가맹점주의 부담과 불만이 커졌다. 단기간에 일어난 과도한 점포 순증은 2018년에 최저임금 상승과 맞물려 가맹점의 효율성을 크게 떨어뜨렸다. 이는 신규

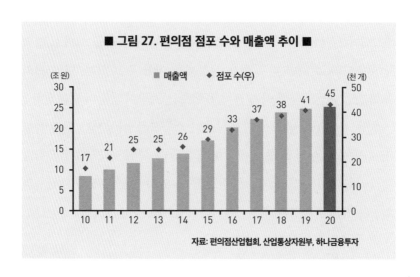

■ 그림 27. 편의점 점포 수와 매출액 추이 ■

자료: 편의점산업협회, 산업통상자원부, 하나금융투자

점포 저하로 나타났다. 동일점 성장률 제고 → 신규 점포 수요 확대 → 신규 점포 과다 공급 → 동일점 성장률 하락 → 신규 점포 수요 약화의 흐름은 수요/공급에 의한 경기변동과 유사하다.

최저임금 덜 오르자 편의점 다시 늘었다?

2019년 10월 "최저임금 덜 오르자 편의점 다시 늘었다."는 내용의 기사가 있었다. 2018년 최저임금이 16.4% 크게 증가해서 편의점 점포 수 증가율이 크게 떨어졌는데, 2019년에는 최저임금 상승률이 10.9%로 둔화되자 편의점 점포 수 증가율이 다시 상승했다는 것이다.

그런데 사실은 좀 다르다. 2018년 편의점의 신규 점포가 크게 준 이유는 최저임금 상승의 영향도 있지만, 최소한 업계 1~2위 GS25와 CU 가맹점주에게는 해당사항이 없다. GS리테일과 BGF리테일은 가맹점주에게 월 평균 30만 원 정도를 전기/공공요금 지원금 명목으로 지급했다. 실질적으로는 최저임금 상승에 대한 지원금이었고, 최저임금 상승률 16.4% 가운데 10%p에 해당하는 연간 400~500억 원의 큰 금액이었다. 덕분에 두 회사 모두 2018년에는 감익 폭이 컸다. 반면에 가맹점주들 입장에서 임금 상승률은 6% 내외로 큰 부담이 아니었다.

2018년에 편의점 점포 수 증가율이 둔화된 보다 근본적인 이유는 2017년에 점포당 매출이 큰 폭으로 감소했기 때문이다. 2015년 이후 담뱃값 인상 효과로 편의점이 폭발적으로 증가하다 보니 단기적인 공급 과잉 상태에 빠졌고, 신규 점포 수요가 크게 위축되었다. 점포당 매출은 감소했지만, 가맹본부는 점포 수 증가 효과로 2017년에 역대 최고 영업이익을 달성했다.

2019년에 최저임금이 재차 10% 이상 상승하게 되자 가맹점주들은 머리띠를 두르고 일어났다. 여론이 가맹점주 손을 들어 주면서 가맹점주들은 3가지 핵심 카드를 얻어 냈다.

첫째, 근접출점 제한이다. 편의점 시장은 소량/간편 구매, 1~2인 가구 증가로 민간소비를 상회하는 YoY 5% 이상 성장하는 시장인데, 기존 가맹점들은 반경 100미터 이내에 경쟁 없이 온전히 시장 수요만큼 수익을 증가시킬 수 있게 되었다.

둘째, 카드수수료율 인하다. 기존 2.5%에서 평균 0.5%p 하락했는데 계산해 보면 월 20만 원 내외, 가맹점주 수익을 6~7% 증가시킬 수 있는 금액이다. 카드사들의 엄청난 반대와 불이익에도 불구하고 시행되었다.

셋째, 임대차보호법 계약갱신요구권이 5년에서 10년으로 2배나 늘었다. 아울러 심야운영 선택권도 넓어지고 있다. 새벽 1~6시 영업은 편의점주에게는 비용을 제외하면 남는 게 거의 없다.

2019년 편의점 점포당 매출은 여전히 감소했지만, 실질적인 가맹점주 수익은 YoY 10% 내외 증가했을 것으로 추산한다. 신규점을 제외한 1년 이상 동일점 성장률은 YoY 0% 이상으로 올라섰다. 여러 제도적 뒷받침으로 가맹점주 입장에서 사업 안정성이 높아졌다. 가맹본부도 이제 막연한 외형 확장보다 상품 믹스 개선과 다양한 신규 서비스 확대로 기존점 성장률 제고에 초점을 맞추고 있다. 2018년만 해도 "편의점 하면 다 망한다."고 했는데 이제는 은퇴 후 가장 할 만한 안정적 사업이 되었다.

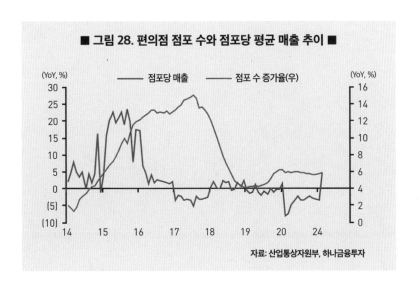

■ 그림 28. 편의점 점포 수와 점포당 평균 매출 추이 ■

자료: 산업통상자원부, 하나금융투자

4장

온라인화가 소비 밸류체인에
끼친 영향 1 :
가전 양판~대형마트

카테고리 표준화가
많이 된 순서로 침투

온라인화로 오프라인 유통 업체들은 P(가격)와 Q(판매량)가 모두 하락하면서 성장성과 수익성이 저하되었다. 가격 하락은 온라인화의 기본적인 성격이고, 판매량 감소는 온라인 채널로 소비가 이동하기 때문이다. 경제 전반적으로 유통 거래량은 증가하지만 진입장벽이 낮아지면서 경쟁은 심화되었고, 유통 마진이 줄어들면서 수익 구조가 악화되었다. 롯데쇼핑/신세계/이마트/현대백화점/롯데하이마트 등 2010년 이전 한국 유통 시장을 주도하던 대형 유통 업체들은 2013년 이후 성장성과 수익성이 모두 구조적으로 떨어지는 구간에 접어들게 되었다.

다만 상품 카테고리의 성격에 따라 온라인 채널 침투의 영향을 받는 시기가 달랐다. 표준화가 많이 된 카테고리 비중이 클수록 타격을 먼저 받았다. 가전의 경우 스펙이나 모델명만 알면 AS는 어차피 삼성전자나 LG전자에서 책임지기 때문에 구매의사결정에서 '가격'이 차지하는 비중이 절대적으로 크다. 롯데하이마트 같은 가전 양판 업체들이 가장 먼저 손해를 보았다. 2012년부터 매출이 급격히 꺾이기 시작했다.

이어서 생활용품/의류/화장품 같은 상품으로 온라인 채널 침투가 확대되었다. 이들 카테고리들은 만져 보고 입어 보고 발라 봐야 하기 때문에 가전보다 고관여 상품들이지만 의류는 반품 서비스의 보편화로, 화장품은 소모품으로 반복 구매가 잦은 공산품 카테고리라는 측면을 파고들었다. 이런 카테고리를 많이 판매하는 대표적인 채널인 백화점은 2013년부터 매출 성장률이 빠르게 둔화되었다.

식품 비중이 높은 대형마트는 이러한 온라인화로 인한 경쟁 심화 위험에서 다소 벗어나 있었다. 사과/무/배추 같은 신선식품은 막대한 양의 재고를 확보하고, 신선도를 유지하면서, 다음날 집 앞까지 배송하기가 다른 공산품에 비해 훨씬 까다롭기 때문이다. 예를 들어 헤어드라이어는 온라인 쇼핑할 때 본 사진 그대로 오는 게 너무나 당연하지만 배추가 쇼핑할 때 본 사진 그대로 오는 것은 현실적으로 쉽지 않다. 하지만 끝내 신선식품도 기술의 발전과 투자 확대 등으로 2018년 이후 온라인 채널이 침투하기 시작했고, 식품 매출 비중이 높은 대형마트 시장이 크게 위축되었다.

지난 10여 년 동안 유통 업태별 판매 증가율을 살펴보면, 백화점이 2013년까지 비중이 상승하다가 하락하는 것을 확인할 수 있고, 온라인(PC온라인+모바일)과 편의점 채널이 계속 비중을 확대하고 있다. 특히 2013년 이후 온라인 채널 비중 상승폭이 커졌다. 모바일 쇼핑이 급증하면서 전체 온라인 판매 증가율이 상승세로 돌아섰기 때문이다. 백화점과 대형마트 매출이 역신장하기 시작한 시점도 이때다.

소매 판매는 2012~20년에 연평균 2.8% 성장했다. 온라인 채널은 같은 기간 연평균 19% 성장했으며, 금액으로는 약 159조 원 수준으로 전체 소매시장(자동차/연료 제외)의 43%를 차지하고 있다. 전체 소매 판매 증가율이 제한적인 만큼 온라인 채널의 매출 증가는 새롭게 생긴 것이 아니라 다른 채널에서 이전한 것이다.

2012년부터 연평균 소매 판매 성장률만큼 백화점과 대형마트 채널이 성장했다면 2020년 기준 백화점과 대형마트 판매액은 각각 36.4조 원과 42.6조 원이다. 그러나 실제로는 27.4조 원과 33.8조 원에 그쳤다. 각각 30% 내외 매출이 온라인 등 다른 채널로 이전한 것이다. 물론 백화점과 대형마트 둔화에는 해외여행 확대, 1~2인 가구 확대에 따른 편의점 수요 증가, 정부의 대형마트 운영시간 규제 등 여러 요소가 복합적으로 작용했을 것이다. 다만 온라인 채널 침투가 핵심적인 요인이었다는 점은 부인할 수 없는 사실이다.

■ 표 6. 국내 소매 시장 규모 ■

소매 시장 규모 (십억 원)	2010	2011	2012	2013	2014	2015	2016	2017	2018	2019	2020
전체 소매 시장	262,256	284,336	296,699	300,782	306,301	317,013	334,216	345,780	363,452	372,532	370,488
백화점	24,791	27,607	29,145	29,900	29,203	29,029	29,911	29,324	29,968	30,386	27,380
할인점	30,286	33,007	34,089	33,892	33,105	32,778	33,234	33,798	33,454	32,425	33,778
면세점	4,528	5,388	6,319	6,833	8,324	9,198	12,276	14,466	18,960	24,859	15,506
슈퍼마켓	50,428	45,669	43,327	42,394	42,394	43,481	44,368	45,593	46,457	44,178	46,468
편의점	7,784	9,166	10,844	11,684	12,704	16,456	19,481	22,238	24,407	25,692	26,523
가전 양판점	16,144	18,150	18,138	16,969	15,284	15,513	15,545	16,401	16,510	14,473	13,813
TV 홈쇼핑	7,580	9,267	10,115	10,711	11,189	11,334	12,542	13,369	14,744	15,077	16,270
온라인 쇼핑	29,689	34,247	40,132	45,350	53,366	63,677	77,296	94,186	113,314	136,601	159,438
1) PC온라인	26,940	31,170	33,960	42,463	40,461	38,821	39,982	41,276	44,109	49,237	51,172
2) 모바일	300	600	1,820	7,096	16,086	26,890	38,452	52,909	69,205	87,364	108,266
*식품 온라인	2,035	2,596	3,371	3,873	4,189	5,849	7,708	10,422	13,435	16,963	25,892
성장률(YoY)											
소매 시장	8.7%	8.4%	4.3%	1.4%	1.8%	3.5%	5.4%	3.5%	5.1%	2.5%	-0.5%
백화점	11.6%	11.4%	5.6%	2.6%	-2.3%	-0.6%	3.0%	-2.0%	2.2%	1.4%	-9.9%
할인점	21.9%	9.0%	3.3%	-0.6%	-2.3%	-1.0%	1.4%	1.7%	-1.0%	-3.1%	4.2%
면세점	16.9%	19.0%	17.3%	8.1%	21.8%	10.5%	33.5%	17.8%	31.1%	31.1%	-37.6%
슈퍼마켓	6.2%	-9.4%	-5.1%	-2.2%	0.0%	2.6%	2.0%	2.8%	1.9%	-4.9%	5.2%
편의점	17.7%	17.8%	18.3%	7.7%	8.7%	29.5%	18.4%	14.1%	9.8%	5.3%	3.2%
가전 양판점	13.0%	12.4%	-0.1%	-6.4%	-9.9%	1.5%	0.2%	5.5%	0.7%	-12.3%	-4.6%
TV 홈쇼핑	26.8%	22.3%	9.1%	5.9%	4.5%	1.3%	10.7%	6.6%	10.3%	2.3%	7.9%
온라인 쇼핑	22.1%	15.4%	17.2%	13.0%	17.7%	19.3%	21.4%	21.9%	20.3%	20.6%	16.7%
1) PC온라인	22.3%	15.7%	9.0%	25.0%	-4.7%	-4.1%	3.0%	3.2%	6.9%	11.6%	3.9%
2) 모바일		100.0%	203.3%	289.9%	126.7%	67.2%	43.0%	37.6%	30.8%	26.2%	23.9%
*식품 온라인		27.6%	29.9%	14.9%	8.2%	39.6%	31.8%	35.2%	28.9%	26.3%	52.6%

주: 소매 시장은 '자동차와 차량 관련 유류 판매'를 제외한 수치

자료: 통계청, 각 사, 하나금융투자

가전 양판:
온·오프라인의 딜레마

민간 소비 이상의 성장 가능

한국의 가전 소비시장 규모는 휴대폰과 PC까지 포함할 경우 2020년 기준 48.7조 원 규모로 2015년 이후 연평균 5.2% 성장을 이어 오고 있다. 가전 소비는 전체 민간 소비를 다소 웃도는 성장률을 보인다. 여기에는 기후 변화와 기술 진보, 소득수준 상승 등이 복합적으로 작용하고 있다. 2015년 이후 평균기온 상승과 미세먼지는 에어컨 보급률을 올렸고, 공기청정기를 필수품으로 만들었다. 2020년에는 코로나19 사태로 재택근무와 온라인 수업이 실시되면서 PC/노트북의 수요가 크게 증가했다.

의류건조기와 스타일러 판매도 크게 증가했다. 예전에도 의류건조기와 스타일러가 있었지만 전기요금이 너무 많이 나와서 사용하지 않거나 가스용(의류건조기)을 사용했다. 그런데 가스용은 설치가 불편하고 공간을 많이 차지하기 때문에 실용성이 떨어졌다.

예전에도 무선 청소기는 있었다. 하지만 유선에 비해 힘이 너무 약하고, 배터리도 금방 소진되었다. 2017년 이후 신제품들은 에너지 효율성이 대단히 높아졌고, 배터리는 오래가며 흡인력도 유선과 다르지 않다.

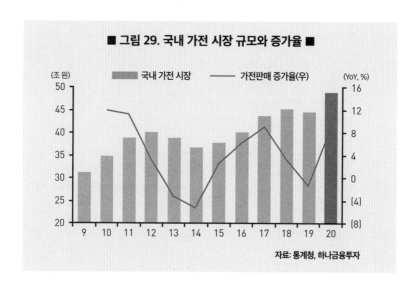

■ 그림 29. 국내 가전 시장 규모와 증가율 ■

자료: 통계청, 하나금융투자

이러한 가전 카테고리의 확장력은 함부로 예단하기 어려우며, 가전 양판 업체들의 잠재적인 성장 여력이 된다. 중·장기적으로 민간 소비 이상의 성장률을 지속할 수 있을 것으로 보인다. 다만 민간 소비나 소매 판매 대비 변동성은 심하다. 교체 수요나 유행, 날씨에 따라 특별히 많이 팔리는 해가 있고 그렇지 못한 해가 있다. 국내 가전 수요는 이사와도 맞물린다. 이사 건수와 롯데하이마트 매출은 상관관계가 상당히 높다. 에어컨이나 냉장고, TV 같은 대형 가전은 이사 시기에 맞춰 교체하는 경우가 많기 때문이다.

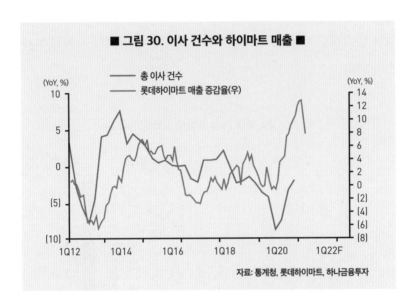

■ 그림 30. 이사 건수와 하이마트 매출 ■

자료: 통계청, 롯데하이마트, 하나금융투자

가장 먼저, 강하게 침투할 수 있는 카테고리

모든 공산품 가운데 '표준화' 정도가 가장 큰 카테고리가 가전이다. 가전제품을 살 때 가장 중요한 것은 스펙과 제조 업체다. 아무리

갤럭시S라도 CPU와 용량이 얼마인지는 철저히 확인한다. 어떤 제품을 살지 결정하면 어디서 살지는 별로 중요하지 않다. 어차피 AS는 제조 업체인 삼성과 LG에서 해 주기 때문에 가장 중요한 구매 기준은 '가격'이 된다. 배추와 무 같은 신선식품은 표준화가 가장 안 된 제품이라고 할 수 있다. 신선도와 크기가 워낙 다르기 때문에 직접 보고 만져 봐야 구매를 결정할 수 있다.

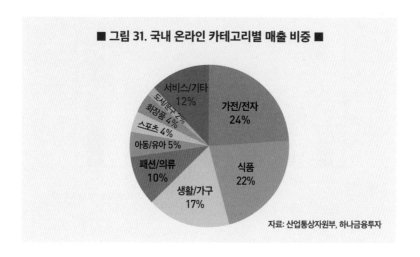

■ 그림 31. 국내 온라인 카테고리별 매출 비중 ■

서비스/기타 12%
도서/문구 2%
화장품 4%
스포츠 4%
아동/유아 5%
패션/의류 10%
생활/가구 17%
가전/전자 24%
식품 22%

자료: 산업통상자원부, 하나금융투자

표준화 정도가 큰 재화일수록 온라인 채널의 위협 역시 클 수밖에 없다. 그래서 2013년 이후 스마트폰 보급률이 급속하게 상승하면서 온라인 채널 침투를 가장 많이 받은 상품군이 가전이다. 대표적인 온라인 유통회사 미국 이베이의 카테고리별 매출을 보면 가전이 가장 높은 비중을 차지한다. 2020년 한국 가전 온라인 채널 판매 규모는 25.5조 원으로 전체 가전 시장의 52% 수준이며 2014년 대비 2배 이상 상승했다. 이러한 온라인 채널의 가파른 침투는 대표적인 가전 양판 업체인 미국의 베스트바이와 한국의 롯데하이마트에게 큰 위협 요인이 되었고, 두 회사 모두 옴니채널/온라인 채널 강화가 가장 큰 현안이 되었다.

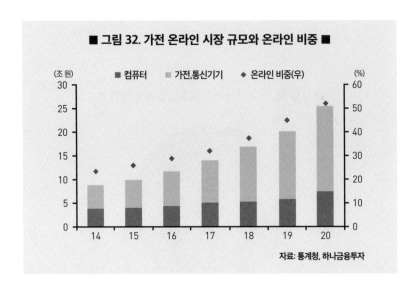

■ 그림 32. 가전 온라인 시장 규모와 온라인 비중 ■

자료: 통계청, 하나금융투자

가전 양판 업체의 한계와 고민

롯데하이마트와 베스트바이는 2가지 근본적인 과제와 한계가 있었다.

첫째, 온·오프라인 가격차를 어떻게 극복할 것인가의 문제다. 온라인 쇼핑은 오프라인과 달리 가격 비교가 즉시 가능하기 때문에 오프라인 쇼핑과 같은 점포별 가격 차이가 용인되기 어렵다. 롯데하이마트와 베스트바이와 같은 오프라인 중심 유통 업체들은 선택을 해야 했다.

1단계 온라인 판매를 할 것인가에 대한 의사결정이다. 두 업체 모두 온라인 판매 사이트를 열었다.

2단계 온라인 판매 가격은 어떻게 책정할 것인가의 문제가 이어진다. 선택은 쉽지 않다.

① 경쟁력 제고를 위해 온라인 판매 가격을 기존 최저가 수준까지 내릴 경우, 오프라인 매장과 가격 차이가 크게 발생할 수 있으며, 오프라인 매장 판매 실적이 훼손될 수 있다. 만일 오프라인 판매 가격까지 같이 내릴 경우 구조적인 마진 하락 국면을 맞이하게 된다.

② 온라인 판매 가격을 오프라인 매장과 큰 차이 없이(아마도 친절한 설명이나 성능 시현 등을 감안하면 10% 정도는 용인될 수 있을 것이다.) 책정한다면 온라인 판매 실적은 부진할 게 자명하다. 허울뿐인 채널 전략이 된다.

3단계 매출과 수익률 보전을 위한 추가적인 대책이다. 매출을 위해서는 온라인 판매 가격을 내려야 하는 상황이다. 가격을 내리고, 수량을 늘리면서 매출 성장을 지속해야 하는 것이다. 그렇다면 어떻게 훼손되는 마진을 보전해야 하는가? 규모의 경제로 바잉 파워를 확대하면서 매입 가격을 낮출 수 있을 것이다. 판관비 절감을 위해 오프라인 점포 수 축소도 불가피해 보인다.

둘째, 마진에 대한 다른 유통 업태들과 입장 차이다. 롯데하이마트와 베스트바이는 가전만 취급하기 때문에 반드시 가전에서 이익을 내야 한다. 반면에 홈쇼핑과 기타 온라인 채널들은 가전으로 이익을 군이 낼 필요가 없다. 가전은 집객의 수단이다. 전술한 바와 같이 가장 표준화된 카테고리이기 때문에 가격에 대한 소비탄력성이 가장 크다. 가격만 낮추면 집객이 용이하다.

즉 가전으로 집객과 외형을 확보한 후에 벤더들에 대한 바잉 파워를 확대하면서 기타 생활용품 등으로 이익 성장을 추구하는 전략이 가능하다. 반드시 가전에서 이익을 창출해야 하는 롯데하이마트와 역마진도 감수하는 다른 온라인 유통 업체가 가격 경쟁을 하게 되면 롯데하이마트와 베스트바이의 불확실성은 커질 수밖에 없다. 실제로 홈쇼핑은 물론 백화점, 대형마트도 마케팅 수단으로 가전 카테고리에 대한 제로마진 할인판매를 종종 사용해 왔다.

2013년 이후 온라인 채널 침투 확대로 롯데하이마트와 베스트바이는 이와 같은 공통 과제를 안고 있었다. 그런데 2019년까지 두 업체의 실적과 주가는 대단히 다른 모습을 하고 있었다. 과연 어떤 차이가 있었을까?

■ 그림 33. 롯데하이마트 영업이익과 주가 ■

(십억 원)　　　　　　　롯데하이마트 주가(우)　　　　　　(천 원)

롯데하이마트 영업이익

자료: Bloomberg, 하나금융투자

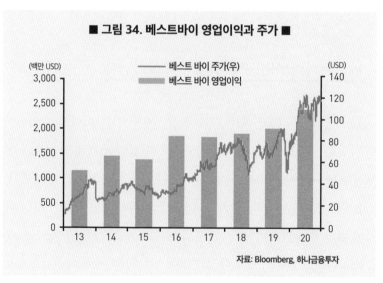

■ 그림 34. 베스트바이 영업이익과 주가 ■

(백만 USD)　　　　　　　베스트 바이 주가(우)　　　　　　(USD)

베스트 바이 영업이익

자료: Bloomberg, 하나금융투자

케이스 스터디:
베스트바이 vs. 롯데하이마트

베스트바이: 아마존의 위협에서 살아남다

베스트바이는 미국 최대 규모의 전자제품 전문 리테일 사업자이다. 1966년 미네소타주에서 설립되었으며 설립 초기에는 '사운드 오브 뮤직Sound of Music'이라는 사명으로 오디오를 전문적으로 판매했다. 2020년 1월 기준 미국/캐나다/멕시코에서 총 1,231개 오프라인 매장을 운영하고 있으며, 미국 인구의 70%가 베스트바이 매장 10마일(16km) 이내에 거주하고 있다. 2020년 기준 미국 매출 비중이 92%로 절대적이며, 카테고리별로는 전자기기(컴퓨터/스마트폰/태블릿 등) 45%, AV가전(TV/오디오 등) 33%, 생활가전(냉장고/세탁기 등) 11%, 엔터테인먼트(게임/드론/VR 등) 6%, 서비스(설치/ 컨설팅/유지보수 등)가 5%를 차지하고 있다. 온라인 매출 비중은 약 20%다.

2000년대에 들어서면서 아마존닷컴을 필두로 이커머스가 급격하게 확대되었고 오프라인 유통 업체들은 위기에 직면하게 되었다. 미국 온라인 소매 판매액은 2019년 약 6천억 달러를 기록하면서 2000년 이후 연평균 18% 성장했다. 전체 소매 판매가 같은 기간 연평균 3% 성장한 것과 크게 대비되며, 온라인이 전체 소매 판매액에서 차지하는 비중은 0.9%에서 11%까지 상승했다.

경쟁 심화로 가전 리테일 2위 사업자였던 서킷 시티Circuit City는 2009년 폐업했고, 라디오 쉑Radio Shack과 HH그렉H.H.Gregg도 2015년, 2017년에 결국 파산 신청했다. 베스트바이도 예외는 아니었다. 1990년대에 견조한 매출 성장세를 보였으나, 2009년[9]부터 역신장을 기록하게 되었다. 2010년 서킷 시티의 파산으로 시장점유율을 뺏어 오면서 기존점의 매출이 소폭 증가했으나, 2011년부터 기존점 성장률이 급격하게 하락하기 시작했다. 2012년과 2013년에는 매장 수 증가에도 매출이 각각 YoY 10%, 7%나 감소했고, 2013년에는 1억 달러 이상 영업적자를 기록했다.

하지만 지금은 다르다. 베스트바이는 2018년 기준 소비자가전(CE) 및 생활가전 시장에서 아마존닷컴을 제치고 시장점유율 1위(21%)를 차지하고 있다. 베스트바이가 아마존닷컴의 위협에도 살아남을 수

---

9 1월 회계결산으로 실질적으로는 2008년 실적이다.

있었던 핵심 이유 가운데 하나로 2012년 CEO로 새로 부임한 휴버트 졸리Hubert Joly의 역할을 꼽는다. 그는 부임 직후 'Renew Blue'라는 전략을 시행하였는데, ① 가격 경쟁력 확보, ② 차별화된 서비스 제공, ③ 이커머스 대응력 확보, ④ 비용절감을 최우선 과제로 삼았다.

우선 베스트바이는 '최저가 보장Price Match Guarantee' 프로그램 시행으로 가격 경쟁력을 확보했다. 당시 온라인 사업자들은 물리적 시설이 존재하는 주에 한해 판매세를 납부했기 때문에 오프라인 사업자 대비 가격 경쟁력이 높을 수밖에 없었다.[10] 2013년 최저가 보장 프로그램을 도입하여 가격 경쟁력을 제고했다. 더 싼 가격을 제시한 사이트가 있으면 그 가격대로 제품을 판매한다는 전략이다.

2020년 연간 매출에서 온라인 채널 비중은 20% 정도인데, 2019년 미국 온라인 소매 판매 비중 11%와 큰 격차를 보이고 있다. 1,000개 이상의 매장을 옴니채널을 위한 물류기지로 활용하여 이커머스 사업의 핵심 인프라로 탈바꿈시켰다. 온라인 주문을 오프라인 매장에서 직접 배송함으로써 물류비용과 시간을 절감할 수 있었고, 공급망 개선으로 최근에는 익일 배송 서비스까지 제공할 수 있게 되었다. 매장 픽업/반품 제도를 시행하고 대체 픽업 장소 제공까지 서비스를 확대함으로써 옴니채널이 큰 폭으로 성장할 수 있었다. 온라인 매출 중 매장 픽업이 차지하는 비중이 42%까지 상승했고, 온라인 주문 반품의 90% 이상이 매장에서 이루어지고 있다.

....

10 현재는 50개 주 중에 45개 주에서 온라인 판매세 시행 중이다.

2014년 이후 유럽 및 중국 시장 철수, 미국 내 저마진 점포 스크랩으로 점포 수를 2014년 1,779개에서 2020년 1,231개까지 30% 이상 줄였다. 점포 수 및 마케팅 축소 등 비용절감 노력으로 2013년부터 2020년까지 총 21억 달러 규모의 비용을 절감했다. 그 결과 영업이익률이 2015년 2.7%에서 2020년 4.9%까지 상승했다. 반면에 2020년 매출 규모는 2014년 대비 7% 증가하면서 점포당 효율성을 제고시켰다.

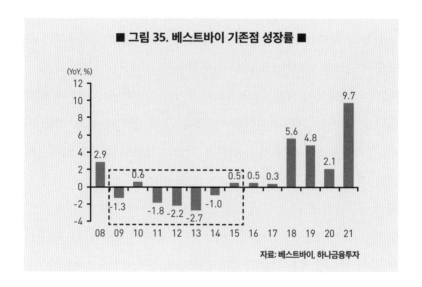

■ 그림 35. 베스트바이 기존점 성장률 ■

(YoY, %)

자료: 베스트바이, 하나금융투자

아울러 온라인에서는 경험할 수 없는 체험과 서비스를 제공하는 전략을 펼쳤다. 매장에 숍인숍 형식을 도입, 매장을 쇼룸으로 여기는 트렌드를 활용하기 시작했다. 매장 내 전자기기를 카테고리별로 진열하기보다 개별 제조사마다 특징을 살린 전시공간을 마련해 진열했다. 제조사로부터 받은 임대 수수료로 최저가 보장에 따른 수익성 하락분을 상쇄할 수 있었다. 제조사는 추가로 매장을 여는 것보다 훨씬 적은 비용으로 고객에게 신제품 체험 기회를 제공할 수 있게 되었다. 2013년 4월 삼성을 시작으로 HP, 소니, 마이크로소프트, 애플 등 다양한 제조사가 앞 다투어 전시공간을 꾸려 신제품을 전시하기 시작했고, 신제품을 경험하고 싶어 하는 고객들의 트래픽이 유입되며 기존점 성장률 상승에 기여했다. 심지어 경쟁자인 아마존닷컴도 전시공간을 마련해 스마트홈 기기를 체험하도록 하고 있다.

아울러 아마존이 제공하지 못하는 다양한 서비스를 제공하며 차별성을 높이고 있다. 가장 대표적인 서비스로 2004년에 미국과 캐나다 전 지역에서 출시한 'Geek Squad'가 있다. 괴짜Geek일 정도로 전자기기를 잘 아는 전문가 집단Squad이 제품 추천, 상담과 설치, 기술 지원, 수리까지 전담하는 서비스이다. 기능이 복잡하고 자주 업데이트되는 전자제품의 특성상 소비자는 전문가의 도움을 받아 자신의 구매 성향, 이력 등을 분석해 적합한 전자제품을 추천받을 수 있다는 장점이 있다. 또한 해당 서비스 이용 시 제조사에게 개별적으로 수리를 맡길 필요가 없다. 미국은 땅이 넓어서 제조사에게 AS를 신청하면 1~2개월이 소요된다고 한다. 현재 미국 전역에서 2만여 명에 달하는 베스트바이의 전문가가 활동하고 있다.

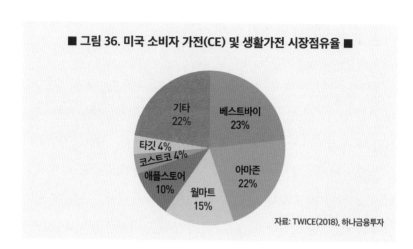

■ 그림 36. 미국 소비자 가전(CE) 및 생활가전 시장점유율 ■

베스트바이 23%
아마존 22%
월마트 15%
애플스토어 10%
코스트코 4%
타깃 4%
기타 22%

자료: TWICE(2018), 하나금융투자

■ 표 7. 베스트바이 연간 실적 전망 ■

(단위: 백만 USD)

	2019	2020	2021	2022F	2023F	2024F
매출	42,879	43,638	47,262	46,789	47,558	48,972
미국	39,304	40,114	43,293	–	–	
해외	3,575	3,524	3,969	–	–	
영업이익	1,900	2,009	2,391	2,408	2,524	2,610
미국	1,797	1,907	2,348			
해외	103	102	43			
세전이익	1,888	1,993	2,377	–	–	
지배주주순이익	1,464	1,541	1,798	1,845	1,923	2,005
EPS(USD)	5.67	5.97	6.96	7.14	7.44	7.76
매출(YoY, %)	1.7	1.8	8.3	-1.0	1.6	3.0
미국	1.7	2.1	7.9			
해외	2.5	-1.4	12.6			
영업이익(YoY, %)	3.1	5.7	19.0	0.7	4.8	3.4
순이익(YoY, %)	46.4	5.3	16.7	2.6	4.2	4.3
영업이익률(%)	4.4	4.6	5.1	5.1	5.3	5.3
순이익률(%)	3.4	3.5	3.8	3.9	4.0	4.1

주: 회계연도 1월 결산

자료: 베스트바이, Bloomberg 시장예상치, 하나금융투자

롯데하이마트: 구조적 한계 극복 중

롯데하이마트(이하 하이마트)는 2020년 매출 4조 520억 원 규모 국내 가전 양판 1위 업체다. 전체 가전 시장점유율 8%이며, 가전 양판 산업 내 시장점유율은 2019년 기준 38%다(대형 4사 기준). 2020년 기준 점포 448개로 2014년 436개 대비 12개 증가한 수준을 유지하고 있다. 2012년 10월 롯데쇼핑에 피인수되면서 롯데마트 숍인숍 점포 수가 100개 이상 증가한 바 있다. 온라인 매출 비중은 16%로 2015년 2% 대비 큰 폭 상승했다.

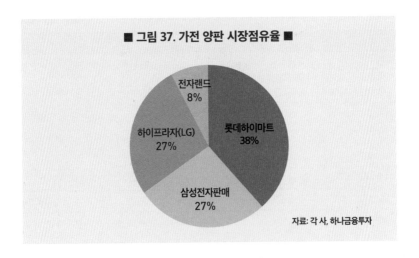

■ 그림 37. 가전 양판 시장점유율 ■

- 전자랜드 8%
- 하이프라자(LG) 27%
- 롯데하이마트 38%
- 삼성전자판매 27%

자료: 각 사, 하나금융투자

2016년 이후 베스트바이와 코웨이를 벤치마킹한 홈케어 서비스를 시작했으나, 품목 수는 29개로 매출 비중은 1%에 그친다. PB와 다양한 글로벌 브랜드 MD를 추구하고 있으나 역시 매출 비중은 1.4%로 제한적이다. 2020년 1월에는 온라인의 편의성과 오프라인 체험을 강화한 초대형 프리미엄 라이프스타일 매장을 잠실에 열었다. 메가스토어/프리미엄스토어/옴니스토어/일반점/마트점 형태로 소비자 니즈와 상권에 맞는 점포 콘셉트를 다양화함으로써 오프라인 강점을 살리고 경쟁력을 제고한다는 전략이다.

한편 온라인 사업은 2015년 온라인 쇼핑몰 사이트 재구축 투자를 집행한 이후, SKU를 2016년 14만 개에서 2019년 132만 개까지 확대했으며, 가전 이외에도 캠핑/패션/가구/스포츠용품 등으로 카테고리를 확대하고 있다. '오늘배송(오전 구매 오후 배송)', '스마트픽(가까운 매장 픽업)', '스마트퀵(구매 후 2시간 배송)' 등 차별화된 서비스로 로열티를 강화하고 있다. 온라인 전용 물류센터의 단계적 확대를 도모하면서 2017년 월 출고 건수 약 2.7만 건에서 2020년 9.5만 건, 2022년 17.5만 건을 목표하고 있다.

하지만 이런 노력에도 불구하고 2020년 영업이익은 1,610억 원으로 2012년 수준에 불과하다. 2012년부터 2020년까지 매출은 연평균 2.9% 성장에 그쳤다. 실적 부진 요인으로 다음 4가지를 꼽는다.

첫째, 킬러 카테고리 부재다. 2016~17년 실적을 견인했던 의류건조기, 에어컨, 공기청정기 등의 수요가 상당히 위축되었다. 의류건조기는 LG전자 제품의 콘덴서 자동세척 기능 결함 사건 이후 전반적으로 판매가 위축되었다. 에어컨의 경우 날씨가 별로 덥지 않았고 신축 아파트는 빌트인으로 들어가는 추세다. 공기청정기는 보급률이 높아진 데다 미세먼지가 여러 국내외 제도 개선으로 감소세에 있다.

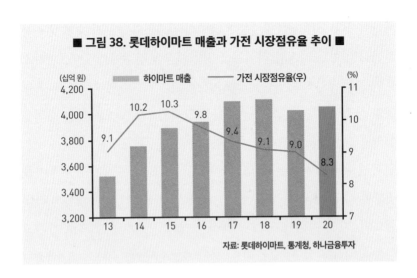

■ 그림 38. 롯데하이마트 매출과 가전 시장점유율 추이 ■

자료: 롯데하이마트, 통계청, 하나금융투자

　둘째, 온라인 채널 확대에 따른 GPM 하락이다. 특별한 킬러 카테고리가 없는 가운데 가격 경쟁이 심해지고 있다. 2018년 하반기 이후 온라인 유통 업체들은 시장 주도권을 잡기 위한 치열한 경쟁 상황에 있다. 가전은 표준화가 잘돼 있기 때문에 가장 가격에 민감한 품목이다. 집객을 위한 도구적 품목으로서 가장 적합하다. 가전시장 온라인 채널 비중이 50%가 넘는데, 하이마트에서 순수 온라인 채널 비중은 13%에 불과하다. 그래서 하이마트도 온라인 채널을 확대하고 있는데 문제는 마진이다. 가격을 오프라인보다 평균 10% 더 싸게 판매하다 보니 GPM이 오프라인 25%에 비해 온라인은 15%밖에 되지 않는다.

　셋째, LG/삼성전자의 막강한 협상력이다. 온·오프라인 가격차가 크다 보니 오프라인 채널 매출이 둔화될 수밖에 없다. 가격을 적당히 내리고 판매량을 늘려서 고정비 부담을 극복해야 한다. 베스트바이의 최저가 보장 프로그램 벤치마킹이다. 하지만 하이마트는 이런 정책이 어렵다. 베스트바이는 절대적인 바잉 파워로 직매입에 의해 가격결정권을 온전히 행사했지만, 하이마트의 경우 LG/삼성전자 매출비중이 60%에 달하기 때문에 직매입에도 불구하고 가격을 함부로 내리기 어려운 상황이다. 협상력이 절대 우위에 있지 않다. LG/삼성전자의 가격 정책에 하이마트가 어느 정도 보조를 맞춰야 하는 상황이다.

LG/삼성전자 입장에서는 하이마트에서 발생하는 매출보다 글로벌 표준 가격이 더 중요하다. 매출은 직영 점포나 온라인 채널에서 일으켜도 되고, 해외 매출 비중이 훨씬 크기 때문이다. LG전자 가전 카테고리 한국 시장 매출 비중은 35%다. 그런데 하이마트가 가격을 낮추면 각 직영 점포들도 가격을 다 낮춰야 하고, 자칫 국내외 가격 표준이 흐트러질 수 있다. LG/삼성 입장에서는 온·오프라인 가격이 동일해야 할 하등의 이유가 없다. 오히려 LG/삼성은 온라인 채널 확대를 방관할 수도 있다. 협상력 측면에서 하이마트라는 한 회사에 매출이 집중되는 것을 원하지 않기 때문이다.

넷째, 롯데마트에 대한 임차료 부담이다. 2019년 전체 매장 23%(108개/전체 466개)가 롯데마트 숍인숍 점포인데, 적자 점포의 절반 이상이 이 롯데마트 점포에서 발생했다. 적자가 발생하는 이유는 2가지다. ① 식품 온라인 시장 확대로 대형마트 트래픽이 크게 줄어들면서 숍인숍 하이마트 점포에도 영향이 불가피했다. ② 기본적인 임대료 수준이 높다.

일반적으로 롯데마트가 다운타운에 위치하고 있기 때문에 인근 상가 임대료가 높은 수준이고, 롯데마트에 대한 하이마트 임차료 역시 이를 기준으로 계약됐다. 하이마트의 다른 점포들 대비 높은 임차료다. 롯데쇼핑에 피인수 전 하이마트 사업 구조의 가장 큰 장점 가운데 하나가 탄력적인 점포 이전과 낮은 임차료였는데, 이 장점이 크게 퇴색된 것이다.

그렇다면 폐점을 하거나 임대료를 내릴 수 있어야 하는데, 이게 쉽지 않다. 롯데마트를 사업 부문으로 두고 있는 롯데쇼핑은 하이마트의 대주주다. 롯데마트 입장에서는 하이마트로부터 임대료가 최근의 실적 부진을 그나마 만회해 주는 고정수입일 것이다. 롯데마트는 2019년에도 490억 원 영업적자를 기록했는데, 확정 수익처인 하이마트에 쉽게 폐점이나 임대료 재계약을 허락할 리 없다.

이러한 베스트바이와 하이마트의 전략적 차이와 사업 구조의 한계로 온라인화가 본격화된 이후 두 회사의 명암은 엇갈렸다. 2013년 초까지는 두 회사의 마진이 같이 하락했지만, 베스트바이는 강한 구조조정과 공격적인 가격 정책 등으로 마진이 회복세로 접어든 반면, 하이마트는 마진은 추세적 하락세를 지속, 2019년 영업이익률은 역전되기에 이르렀다.

히트 상품들이 나오고, 매출이 크게 증가할 때는 이런 구조적인 문제들이 드러나지 않았지만, 매출이 감소하면서 수익성 보전에 큰 제약 요인으로 작용하게 된 것이다. 첫째와 둘째 요인은 베스트바이와

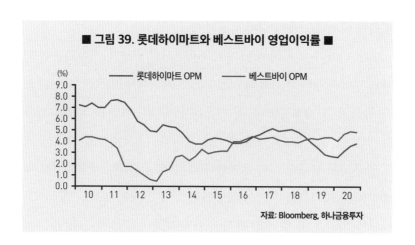

■ 그림 39. 롯데하이마트와 베스트바이 영업이익률 ■

자료: Bloomberg, 하나금융투자

하이마트가 다 함께 처한 위기 요인이었으나, 셋째와 넷째 요인은 하이마트만의 특이한 제약 조건이다. 베스트바이의 가격 정책과 사업 구조조정(매장 축소)을 벤치마킹하기 어려운 상황이다.

하이마트도 홈케어 서비스를 제공하고 있지만, 베스트바이의 Geek Squad와 Tech Total Support㎆와 같은 반응이 없다. 이는 미국의 특수한 사업 조건인 듯하다. 미국은 땅이 워낙 넓고 제조사가 다양하기 때문에 제조사한테 AS 요청을 해도 한 달 이상 소요되는 게 예사다. 그래서 한 달에 한 번 정기적으로 방문해서 가전제품을 점검해 주는 서비스 수요가 클 수 있다. 반면에 한국은 삼성과 LG전자 두 회사의 과점 상황이고, 곳곳에 서비스센터가 있기 때문에 굳이 정기 서비스를 받을 필요가 없다.

LG/삼성전자의 높은 매출 비중과 가격 정책의 한계는 단기적으로 안고 가야 할 부담으로 봐야 한다. PB와 글로벌 MD 등을 확대하고 있지만 니즈를 이끌어 내지 못하고 있다.

2020년 이후 주목해야 할 부분은 이 4가지 구조적 한계 가운데 임차료 부담은 상당히 완화되고 있다는 점이다. 하이마트는 2020년 26개 점포 수를 폐점했는데, 이 가운데 롯데마트 숍인숍 점포가 12개다. 2021년에도 20개 이상 폐점을 계획하고 있다. 점포 수 감소에도 불구하고 점포당 매출 증가와 온라인 채널 확대로 매출이 증가세를 지속하고, 시장점유율이 상승하고 있다면 사업 구조는 성공적으로 개선되고 있는 것이다. 온라인 채널 매출 비중 상승은 낮은 판가로 인해 단기 수익성에 부담이지만, 향후 매출 규모 증가에 따른 바잉 파워 확대 효과를 기대할 수 있다. 향후 매출과 비용의 구조적 한계를 어떻게 극복할지 지켜볼 일이다.

■ 표 8. 롯데하이마트 연간 실적 전망 ■
(K-IFRS 별도 기준)

(단위: 십억 원)

	2019	2020	2021F	2022F	2023F
매출	4,026	4,052	4,133	4,291	4,442
영업이익	110	161	172	187	203
세전이익	-84	65	158	176	195
순이익	-100	29	120	134	148
EPS(원)	-4,232	1,217	5,073	5,672	6,271
영업이익률(%)	2.7	4.0	4.2	4.4	4.6
YoY, %					
매출	-2.1	0.6	2.0	3.8	3.5
영업이익	-41.1	46.6	6.5	9.0	8.4
순이익	적전	흑전	316.9	11.8	10.6

주: 2021년 이후 실적은 추정치로 사업 환경에 따라 달라질 수 있음

자료: 롯데하이마트, 하나금융투자

백화점:
온라인화로 이중고

백화점에서 브랜드로 헤게모니 이동

2010년 전후 호황을 누리던 백화점 업체들은 2013년 이후 급격한 성장성과 수익성 저하를 겪게 되었다. 설상가상으로 호황기 신규 투자를 결정한 신규 또는 리뉴얼 점포들이 잇따라 문을 열면서 고정비 부담은 커지고 경쟁은 심화되었다. 온라인화 영향으로 ASP와 GPM이 떨어지는 것도 문제였지만, 소득수준 상승에 따라 소비의 브랜드화로 '해외명품' 수요가 증가하면서 백화점에서 명품이 차지하는 매출 비중이 빠르게 상승했다. 명품은 판매수수료가 낮기 때문에 백화점 GPM 하락의 추가적인 요인으로 작용했다. 고정비 부담을 줄이기 위해 신규 채용을 최소화했고, 심지어 현대백화점은 IR 자료로 일반 코팅 백상지 대신 갱지를 쓰면서 의지를 다지기도 했다.

여기서 우리는 백화점으로 상징되는 유통과 브랜드 사이의 헤게모니 싸움을 살펴볼 필요가 있다. 브랜드 소비 확대는 초창기 유통업체, 특히 백화점 채널의 구조적 성장에 핵심 요인으로 작용한다. 백화점 채널의 가장 큰 매력은 짧은 시간에 다양한 브랜드를 비교 체험해 보고 소비자의 선택 범위를 넓히면서 쇼핑의 만족도를 높인다는 점이다. 소비자들이 하나둘씩 브랜드를 알아 가면서 백화점은 소비자들에게 가장 매력적인 쇼핑 채널로 자리매김할 수 있게 된다. 경제가 성장할수록 개인의 개성과 감성을 표현할 수 있는 상품에 대한 가치소비, 즉 '소비의 브랜드화'가 가속화된다. 가격도 중요하지만 무엇보다 특정 브랜드 자체에 높은 선호도를 보이며 소비의 가격 탄력성이 낮아지게 된다.

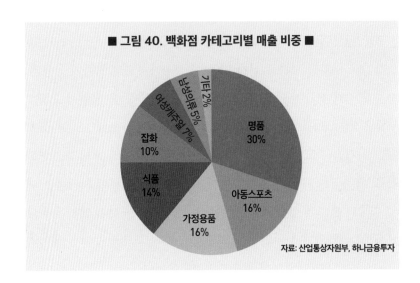

■ 그림 40. 백화점 카테고리별 매출 비중 ■

기타 2%
남성의류 5%
여성캐주얼 7%
잡화 10%
식품 14%
가정용품 16%
아동스포츠 16%
명품 30%

자료: 산업통상자원부, 하나금융투자

2008년 전체 백화점 매출 6%에 불과하던 명품 매출 비중이 2020
년에는 30%에 이르게 되었다. 시간이 경과하면서 백화점 업체들은
딜레마에 빠졌다. 브랜드 소비가 확대되면 브랜드 서열이 매겨지게
되고 특정 브랜드들의 백화점 매출 비중이 상승하게 된다. 동시에 이
들 브랜드의 대백화점 협상력이 높아지고 판매수수료는 낮아지게 된
다. 이 시기 대형 브랜드들의 매출 증가는 백화점 업체 입장에서 보
면 이익 증가와 집객효과 확대 등 긍정적이 측면이 있지만 저마진 상
품 비중 상승으로 GPM 하락의 부정적인 측면도 피할 수 없다. 명품
매출 비중이 가장 높은 신세계백화점의 GPM 하락은 이러한 현상을
잘 보여 준다. 해외 명품에 대한 국내 백화점 업체들의 판매수수료는
10% 초·중반으로 알려져 있으며, 이는 일반적인 국내 의류 업체 대
비 20%p 가까이 낮은 수준이다. 이 격차가 브랜드력 차이라고 할 수
있다.

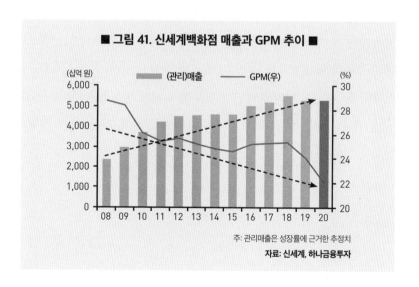

■ 그림 41. 신세계백화점 매출과 GPM 추이 ■

주: 관리매출은 성장률에 근거한 추정치
자료: 신세계, 하나금융투자

백화점은 입점 브랜드 업체들 판매액의 일정 비율을 수수료 형태로 가져와 매출로 인식한다. 브랜드 업체 협상력이 상승하면 판매수수료율은 낮아지지만 백화점과 이익을 공유하는 형태는 달라지지 않는다. 브랜드 업체 규모가 확대되고 소비자들의 로열티가 상승하게 되면 굳이 백화점이라는 채널에 안주할 필요성이 사라진다. 일군의 브랜드들이 로드숍 쇼핑타운을 형성하면서 백화점과 유사한 집객효과를 공유하게 된다. 이탈리아의 '콘도티Condotti'나 일본의 '긴자' 등 유명한 로드숍 쇼핑타운이 좋은 예다.

아직 한국의 명품 소비는 백화점이 중심을 이루지만 탈백화점의 가능성은 백화점 업체들로 하여금 판매수수료를 더욱 낮추는 글로벌 명품 브랜드들의 협상력으로 작용한다. 국내 역시 최근에 청담동 명품거리가 조금씩 모습을 갖춰 가고 있다. 결국 브랜드 소비의 확대는 소비자의 브랜드 쇼핑 채널이 백화점 중심에서 탈피하고, 유통 시장 헤게모니가 백화점에서 브랜드로 이전되는 것을 의미한다. 백화점 업체들은 브랜드 업체와 치열한 헤게모니 싸움을 벌이고 있는데 브랜드 소비가 확대될수록 점점 더 열위에 놓이게 된다. 온라인화로 해외직구 등 채널이 다양화되면서 백화점 업체들의 부담은 더 커질 수밖에 없다. 온라인화로 백화점에서 브랜드로 헤게모니 이동은 가속화되고 있다.

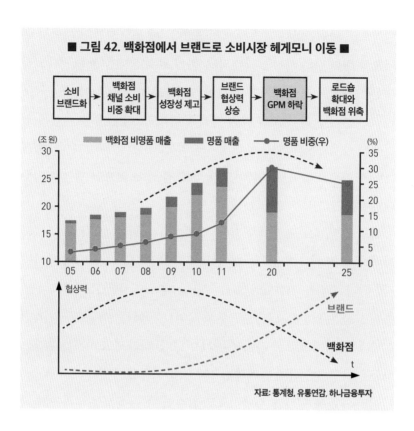

■ 그림 42. 백화점에서 브랜드로 소비시장 헤게모니 이동 ■

한국에서 백화점이 건재한 이유

유통 업체는 바잉 파워를 성장과 생존의 근간으로 한다. 오프라인 유통업의 경우 핵심 소비 지역에 막대한 Capex를 통해 대형 점포를 지어 놓고 집객력을 확보하고, 소비자들이 원하는 상품을 벤더들로부터 싸게 매입해서 차익을 남기는 게 비즈니스 모델의 기본이다. 필연적으로 대기업화와 과점화가 발생한다. 매출 규모가 커지면서 밴더들에 대한 바잉 파워는 확대되고, 바잉 파워 확대를 통한 카테고리 개선과 가격 경쟁력 제고가 집객력 향상으로 이어져 다시 매출 규모가 커지는 선순환 구조가 자리 잡게 된다. 오프라인 유통 시장은 거리라는 한계가 있기 때문에 일정 수준의 영업 권역이 확보된다. 예를 들어 이마트가 좋아도 롯데마트가 바로 집 앞에 있으면 웬만하면 롯데마트를 간다.[11]

특별한 브랜드 로열티가 없다. 소비자들은 원하는 상품을 되도록 저렴하게 구입할 수 있으면 그만이다. 지역 특산물이나 몇 가지 차별적 MD가 집객을 위한 요인으로 작용할 때가 있지만, 소비자들이 원하는 상품은 일반적으로 정규 분포를 따르기 때문에 매출 구성 측면에서 유통 업체별로 큰 차이가 나기 어렵다. 따라서 소비자는 원하는 상품을 가장 저렴하게 판매하는 점포로 발걸음을 옮긴다.

따라서 유통 업체는 필연적으로 집객력 유지/제고를 위한 지속적인 프로모션 경쟁에 노출될 수밖에 없다. 그러다 보니 현대백화점 대구점 입점 이후 대구백화점 판매가 부진해졌고, 다시 신세계백화점 동대구점이 입점하자 현대백화점 대구점 매출이 떨어졌다. 울산에서 롯데백화점과 현대백화점이 치열한 리뉴얼 경쟁을 벌인 바 있으며, 김포 롯데몰이 오픈한 이후 목동 현대백화점의 내방객 수가 둔화

---

11 온라인 유통은 공간에 대한 제약이 없기 때문에 시장점유율 집중도가 오프라인보다 훨씬 클 수밖에 없다. 중국의 알리바바는 2010년대 초기 시장점유율이 80%에 달했고, 미국 아마존 역시 실질적으로 50%에 근접한 상태다.

된 적도 있다.

백화점의 소비 권역 중첩 현상은 추가 점포 확대 여력이 제한적인 상태, 즉 시장 포화로 신규 점포의 마지노선(유동인구 50만 명)을 넘는 지역이 거의 존재하지 않을 때 더욱 심화된다. 중첩 현상은 전체적인 백화점 시장의 평효율을 떨어뜨리는 방향으로 전개되며, 수익성 저하의 주요인이 된다. 그리고 지역 확장이 마무리된 상황에서 민간 소비 이상의 성장을 추구하기 대단히 힘들어진다. 중·장기적으로 산업 성장률이 민간 소비 성장률에 수렴하게 된다.

이런 특성을 갖고 있기 때문에 온라인화로 인한 경쟁 심화에 기존 대형 유통 업체들이 취약할 수밖에 없고, 매출과 이익 규모가 한 단계씩 레벨다운되었다. 그런데 이것도 나라마다 차이가 있다. 한국 백

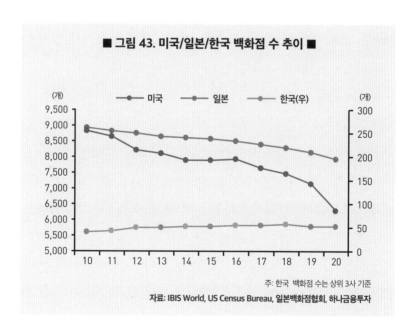

■ 그림 43. 미국/일본/한국 백화점 수 추이 ■

주: 한국 백화점 수는 상위 3사 기준
자료: IBIS World, US Census Bureau, 일본백화점협회, 하나금융투자

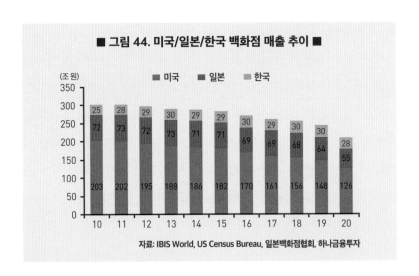

■ 그림 44. 미국/일본/한국 백화점 매출 추이 ■

(조 원)

■ 미국 ■ 일본 ■ 한국

	10	11	12	13	14	15	16	17	18	19	20
한국	25	28	29	30	29	29	30	29	30	30	28
일본	72	73	72	73	71	71	69	69	68	64	55
미국	203	202	195	188	186	182	170	161	156	148	126

자료: IBIS World, US Census Bureau, 일본백화점협회, 하나금융투자

화점은 미국이나 일본, 중국 등 다른 주요 국가 백화점 업체들에 비해 상대적으로 선전하고 있다. 미국과 일본 백화점이 아마존 효과와 저성장, 소비 패턴 변화 등으로 점포 수가 크게 줄고 있는 데 반해 한국 백화점 3사 점포 수는 2013년 대비 오히려 늘었다.

국내와 다른 나라 유통 시장의 차이점으로 다음 3가지를 꼽을 수 있다.

첫째, 국내 유통 시장은 자본이 집중되어 있다. 일본이나 미국은 백화점과 할인점, 슈퍼마켓 업종에서 별도의 시장 참여자들이 채널별 경쟁을 하고 있다. 일본 백화점은 미쓰코시와 이세탄이 상위에 있지만, 할인점이나 슈퍼마켓은 이온과 세븐엔아이홀딩스가 각각 대기업을 형성하고 있다. 미국 역시 백화점은 메이시스**Macy's**와 시어스**Sears**, 할인점은 월마트**Walmart**와 코스트코**Costco**가 독립적인 업체로 사업을 전개하고 있다.

소비자들이 선호하는 채널은 소득수준과 소비 패턴 변화에 따라 달라진다. 1개의 채널만 갖고 있는 업체의 경우 경쟁사는 물론 타 채널과 경쟁을 감수해야 하므로 불확실성이 클 수 있다. 예를 들어 국내에서 할인점 사업만 영위하고 있는 홈플러스는 옆으로는 이마트와 롯데마트, 채널 측면에서는 백화점과 홈쇼핑 등과 경쟁해야 한다. 반면에 롯데쇼핑의 경우 백화점에서 할인점, 홈쇼핑, 편의점과 SSM**Super Supermarket: 기업형 슈퍼마켓**에 이르기까지 모든 유통 채널을 다 보유하고 있어 채널 간 경쟁 위험에서 자유로운 편이다. 신세계그룹과 현대백화점도 범위만 차이가 있을 뿐 채널의 수평 계열화를 어느 정도 확보한 상황이다.

이러한 업체들은 소비 패턴 변화에 따른 리스크를 최소화할 수 있다. 롯데쇼핑의 경우 전체 총매출에서 백화점 비중이 35%나 되고, 할인점 역시 출발은 좀 늦었지만 롯데마트를 통해 시장 성장을 흡수하면서 2005년부터 외형 확장을 본격화했다. 홈쇼핑은 2006년 우리홈쇼핑 인수를 통해 사업화하면서 시장 성장을 향유하고 있다. 2015년 이후 편의점 시장이 호황일 때는 세븐일레븐이 부각되었다.

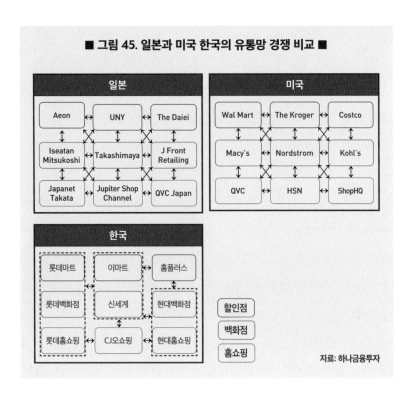

■ 그림 45. 일본과 미국 한국의 유통망 경쟁 비교 ■

자료: 하나금융투자

둘째, 국내 유통 업체들은 부동산을 직접 소유하고 있다. 롯데쇼핑의 경우 32개 점 가운데 24개 점포 부동산을 갖고 있다. 강남/중동/안산점은 최근 롯데리츠로 넘기기 전까지 자가 점포였다. 현대백화점은 15개 백화점 점포 가운데 최근 입점한 여의도 더현대와 디큐브점만 임차 점포다. 신세계는 총 11개 점포 가운데 6개가 임차 점포인데 대부분 계열사/그룹사 건물에 입점해 있어서 실질적인 임차 점포는 없다고 할 수 있다.

부동산을 직접 소유하고 있다는 점은 초기에는 많은 비용 부담이 있지만 임차 기간 종료나 매각으로부터 자유로워서 사업 안정화 측면에서 볼 때 대단히 중요한 요소다. 아울러 경제성장 단계에서는 임차료 상승 부담에서 벗어날 수 있으며, 부동산 가격 상승에 따라 자산가치를 제고시킬 수 있다.

2011년 북경 백화점 시장의 1/4을 차지하던 태평양백화점이 북경 1~2호점을 폐점하면서 잠정 철수했는데, 가파르게 상승한 임차료 부담을 이기지 못했기 때문이다. 백화점 입점 업체로부터 수취하는 판매수수료 대비 임차료 상승률이 더 크게 나타나면서 수익 구조가 악화되었다. 반대로 저성장기에는 매출 부진에 따른 임차료 부담을 피할 수 있기 때문에 불경기 구간에서도 사업을 이어 갈 수 있는 여유가 된다. 2020년 코로나19로 인해 미국 백화점 수가 900개 줄었는데, 매출 부진 가운데 임차료 부담이 지나치게 커졌기 때문이다.

셋째, 한국 백화점은 수수료 베이스이다. 수익성 제고를 위해서는 직매입 방식이 유용하지만 높은 재고 부담으로 상품의 턴오버가 느릴 수 있다. 소비 트렌드에 즉각적인 대응이 어렵다는 단점이 있고, 유행의 변화가 빠른 상황에서는 오히려 리스크가 크다. 일본과 미국 백화점의 성장 둔화 혹은 쇠락의 원인 가운데 하나도 여기에 있다. 따라서 다소 수익성은 떨어지더라도 재고 부담 없이 소비 트렌드에 유연하게 대응할 수 있는 판매수수료 방식의 백화점 경영이 지속가능성 측면에서 합리적일 수 있다.

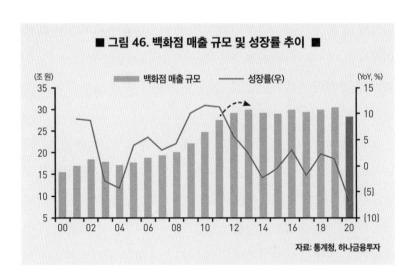

■ 그림 46. 백화점 매출 규모 및 성장률 추이 ■

자료: 통계청, 하나금융투자

■ 표 9. 유통 업체의 입점 계약 방식에 따른 매출 인식 구분 ■

구분	관리매출	매출 인식		평균 수수료율	매출 비중 (관리 기준)	비고
		총매출	순매출			
직매입	판매가	판매가	판매가	해당 없음	3~5%	- 유통 업체 재고 부담 - 식품, 수입 브랜드 MD 상품
특정	판매가	판매가	판매수수료	25~30%	60~80%	- 입점 업체 재고 부담 - 의류, 잡화, 가전, 가구 등 대부분 품목
임대갑	-	임대료	임대료	정액	0%	- 유통 업체에 보증금 지불 - 꽃집/서점/치과/네일 아트 등
임대을	판매가	임대료 판매수수료	임대료 판매수수료	10~15%	15~35%	- 입점 업체 재고 부담 - 보증금 수준 낮음 - 백화점 판매 행사 등과 무관. 명품, 남성복 등

자료: 하나금융투자

백화점의 상품 유통 방식

백화점의 상품 유통 방식은 재고와 매출의 인식에 따라 특정매입/직매입/임대갑/임대을 매출로 구분된다. 백화점 (관리)매출의 70% 정도가 특정매입이다. 의류/잡화/가전/가구 등 대부분의 품목이 여기에 속한다. 입점 업체 매출의 일정 비율을 판매수수료로 수취한다. 판매수수료율은 입점 업체의 브랜드력에 따라 천차만별이다. 매장에서 발생하는 판매액 전부가 관리매출과 총매출에는 그대로 계상되지만, 순매출에는 판매수수료만 잡힌다. 일반적으로 관리매출의 25% 내외 수준이다.

임대을 형태는 일정 수준의 고정 임대료와 함께 매출의 일정 비율을 판매수수료로 수취한다. 그래서 판매수수료율이 특정매입 방식에 비해 상당히 낮다. 일반적으로 해외명품/남성복 등 일부 브랜드들이다. 해외 명품의 경우 브랜드력에 따라 매출의 10% 이내인 경우도 있다. 따라서 명품 비중이 높아질수록 관리매출 대비 총매출과 순매출 비중이 하락한다. 특정매입과 임대을 방식은 모두 재고 부담이 입점 업체에 있다.

임대갑은 입점 업체가 보증금을 백화점에 지불하고, 매월 고정임대료를 지급하는 방식이다. 백화점에 입점해 있는 꽃집/서점/치과/네일아트 같은 데가 여기에 속한다. 백화점에 식당이 많은데 일반적으로 지하 식당들은 임대을 방식이지만, 9~10층 고급 식당들은 임대갑 방식이 많다. 임대갑 방식 매장들의 매출은 실질적으로 백화점 사업과 무관하기 때문에 관리 매출에 들어가지 않는다. 총매출, 순매출에는 임대료만 계상된다.

직매입의 가장 큰 특징은 유통 업체가 직접 재고 부담을 진다는 점이다. 신세계의 분더샵 같은 백화점이 직접 운영하는 편집숍과 식품관이 대표적이다. 직매입 매출 비중은 3~5%에 그친다. 직매입은 관리매출과 총매출, 순매출이 같다.

백화점 매출 기준은 관리매출과 총매출과 순매출로 나뉜다. 관리매출은 임대갑을 제외한 모든 유형의 매출을 전체 규모로 삼고, 순매출은 직매입 매출만 전체 매출에 반영하고, 나머지 특정매입/임대갑/임대을 방식 매출은 임대료와 판매수수료만 매출로 계상한다. 따라서 매출의 규모는 관리매출 > 총매출 > 순매출이 된다.

중간 유통 업체:
비즈니스 모델에 근본적인 위협

중간 유통 업체라면 일반적으로 수입 브랜드 MD 업체를 말한다. 수입 브랜드 MD 사업의 기본적인 성격은 소비의 국경선에 대한 통행료와 같다. 다른 문화권/소비권으로 상품을 판매하려고 계획할 때, 직접 진출할 경우 발생할 수 있는 비용 부담과 실패 가능성을 회피하기 위한 것이다. 중국의 성대리상 구조나 국내의 신세계인터내셔널과 한섬 등 수입 브랜드 MD 비즈니스를 적극적으로 시행하는 업체들이 그 예들이다. 해외 브랜드가 국내 백화점에 유통되는 방식은 크게 4가지가 있다.

첫째, 백화점과 브랜드가 직접 계약을 맺는다. 일반적인 판매수수료 방식과 같다. 루이비통과 에르메스 등 한국에 지사를 두고 있는 해외 명품들이 이에 해당한다.

둘째, 중간 유통 업체가 해외 브랜드 업체와 5년 정도의 계약기간을 설정하고 바잉을 해 와서 백화점에 유통한다. 중간 유통 업체가 백화점과 해외 브랜드의 가교 역할을 하게 된다. 일반적으로 국내에서 아직 브랜드가 안착하지 못한 해외 브랜드 업체가 취하는 전략이다. 이러한 방식은 '수입 브랜드 MD'라고 한다.

셋째, 국내 업체가 라이선스 모델로 브랜드에 대한 로열티만을 지불하고 직접 디자인하고 생산해서 백화점에 유통한다. 이 사업도 일반적으로 MD 업체가 진행한다. 직접 디자인과 생산을 하는 만큼 마진이 높다. LF의 닥스나 한섬의 랑방컬렉션, F&F의 MLB와 디스커버리가 모두 라이선스 브랜드다.

■ 표 10. 해외 브랜드 국내 유통 4가지 유형 ■

유형	직진출	중간 유통		
		브랜드 MD	라이선스	상표권 인수
특성	- 백화점과 직접 계약 - 국내 높은 브랜드력 보유	- 중간 유통 업체 바잉 후 백화점과 계약 및 유통 - 국내 낮은 브랜드 인지도	- 로열티만 지불, 국내 업체직접 디자인 및 생산 유통	- 브랜드 라이선스로 계약하다가 일정 금액으로 해당 지역 상표권 인수 - 직접 디자인 및 생산 유통은 물론 지역 내 로열티 비즈니스도 가능
마진	- 해외 브랜드 업체 직접 수취	- 5%~8%	- 10% 이상	- 10% 이상
사례	- 한국 지사를 두고 있는 루이비통, 샤넬 등 유명 해외 브랜드	- 끌로에, 알마니, 메종 마르지엘라 등	- 닥스, 랑방컬렉션 등	- 라푸마, 질바이스튜어트, 폴뽀아레 등
비고	- 백화점과 임대을 계약 - 판매수수료는 10% 내외	- 일반적으로 5년 계약	-	- 라푸마 2009년 국내 상표권 인수 - 질스튜어트 2009년 말 130억 원에 상표권 인수

자료: 하나금융투자

넷째, 상표권을 인수한다. 라푸마의 경우 LF에서 2005년 라이선스를 들여와 국내 유통에 성공한 이후, 2009년에 국내 상표권을 인수하면서 박차를 가해 매출 규모를 올린 바 있다. 최근 신세계인터내셔널은 '폴뽀아레' 화장품 상표권을 인수했다.

문제는 온라인화다. 소비의 온라인화가 확대되면서 해외 직접 구매를 통해 50%나 싼 가격에 동일한 제품을 구매하는 경우가 종종 발생하고 있다. 브랜드 인지도의 지역별 차이 역시 간극이 줄어들고 있다. 중국 본토에 굳이 마케팅을 하지 않아도 중국의 20대 소비자들은 북미에서 가장 유행하는 브랜드가 뭔지 알고 있다.

글로벌 브랜드들은 해외직구 채널을 통해 신상품에 대한 모니터링을 좀 더 빠르고 효과적으로 할 수 있게 되었다. 국내 브랜드들도 마찬가지다. 아모레퍼시픽은 역직구몰을 신제품 마케팅과 모니터링 채널로 이용하고 있다. 특히 중국의 경우 위생허가라는 진입장벽이 있기 때문에 역직구몰은 대중국 신제품 출시에 우선순위를 정하는 중요한 역할을 하고 있다.

이렇게 글로벌 브랜드들의 국내 전개와 인지도 개선은 물론 직접 진출의 성패까지 미리 온라인 채널을 통해 가능할 수 있다면, 수입 브랜드 MD 사업의 의미는 퇴색할 수밖에 없다. 실제로 신세계인터내셔널에서 전개하는 글로벌 브랜드 수는 2020년 36개로 4년 전 60개에 비해 절반 가까이로 줄었다. 국내 브랜드 업체들의 대중국 사업 역시 성대리상 방식에서 온라인 직진출이나 티몰 글로벌을 통한 역직구 방식을 선호하고 있다.

다만 명품 판매는 당분간 기존 형태가 유지될 공산이 크다. 명품은 일반적으로 온라인으로 판매하지 않는다. 이는 명품 브랜드 업체들의 특별한 성향 때문이다. 일반적인 브랜드 업체들과 달리 이들은 단기간에 너무 많이 팔리는 것을 반기지 않는다. 희소성이 떨어지면서 브랜드 가치가 저하된다고 보기 때문이다. 최근 샤넬 가방 품귀 현상이 발생하는 이유도 여기에 있다. 브랜드 가치를 유지하는 것이 가장 중요하다. 2010년대 초·중반 한국 루이비통 대표이사가 경질된 이유가 루이비통이 너무 많이 팔려서 명품 엔트리 브랜드로서의 품격을 떨어뜨렸기 때문이라는 말이 있을 정도다.

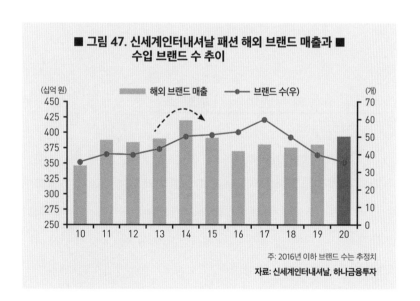

■ 그림 47. 신세계인터내셔날 패션 해외 브랜드 매출과 ■
수입 브랜드 수 추이

주: 2016년 이하 브랜드 수는 추정치
자료: 신세계인터내셔날, 하나금융투자

대형마트:
식품 시장, 마지막 오프라인의 보루

온라인 유통이 사업이 되기 위한 조건

온라인화로 유통 시장은 완전경쟁시장처럼 변화하고 있다. 진입과 탈퇴가 자유롭고(제한적 Capex와 고정비), 거래되는 상품이 동일하며(가전, PC 등 공산품), 가격 정보가 폭 넓게 공유(예: 네이버 가격 비교)되고 있기 때문이다. 온라인 유통 시장에서 기업들이 '돈'을 벌기 위해서는 2가지 비즈니스 모델이 가능하다.

첫째, 알리바바와 아마존 모델이다. 이들은 유통업이 완전경쟁시장이라는 것을 철저히 수용하고 유통 부문에서는 BEP만을 추구한다. 대신에 유통수수료를 크게 낮추고 집객을 확대하면서 절대적인 시장점유율을 확보하고, '막대한 트래픽 증가'를 통한 광고 마케팅 수익을 창출하거나, 파생적인 사업을 통해 외연을 확대하면서 기업가치를 올리고 있다. 유통은 사업이 아니라 수단일 뿐이다. 가전부터 생활용품, 의류, 화장품까지 표준화가 잘 되어 있는 공산품이 주 거래 품목이다.

둘째, 완전경쟁시장의 조건 가운데 하나를 깨는 것이다. '진입과 탈퇴의 자유', '정보의 공유'는 온라인 유통 고유의 속성이기 때문에 깨기 어렵다. '거래 상품의 동질성'은 상품 카테고리마다 다르다. 예를 들어 냉장고는 제품명만 같다면 어느 채널이나 어떤 유통회사에서 제품을 구입하든 상관없다. 가격이 가장 중요한 구매 조건이 된다. 그런데 배추는 다르다. 쇼핑몰 사진에 있는 배추가 그대로 배달된다는 보장이 없다. 상품의 품질이 유통 업체마다 다르다. 표준화가 가장 안 돼 있기 때문에 온라인으로 거래되기 가장 어려운 품목이 신선식품이다. 다시 말해 온라인에서 신선식품을 잘 유통할 수 있다면 높은 진입장벽을 형성하면서 사업 전개가 가능하고 돈을 벌 수 있다는 말이다.

식품 온라인 사업 환경 개선

식품 온라인 시장은 특히 한국에서 가장 먼저 발달했다. 전체 식품/잡화에서 온라인 채널이 차지하는 비중은 20%에 이른다. 이러한 수치는 글로벌 평균을 크게 앞선다. 한국은 인터넷망이 잘 구축되어 있고, 서울과 수도권에 집중돼 있어 단시간 배송이 가능하기 때문이다. 일반적인 온라인 채널 침투가 가격 변수에 의한 것이라면 식품 온라인 수요 확대는 사회 구조적인 측면도 강하다.

첫째, 전업주부의 축소 및 직장맘의 증가다. 여성 취업률이 높아지고, 출산 이후 직장에 복귀하는 여성이 증가하면서 2013년을 기점으로 전업주부[12] 수가 빠르게 줄어들고 있다. 이러한 추세는 당분간 지속될 듯하다. 여성취업률(2019년 53.5%)은 가파른 상승세에 있지만 여전히 OECD 평균(66.7%)에는 현저히 못 미친다. 직장맘의 증가는 오프라인 장보기 수요를 위축시킬 수밖에 없다. 대형마트는 물론 재래시장과 개인형 대형 슈퍼의 입지를 약화시키는 요인이다.

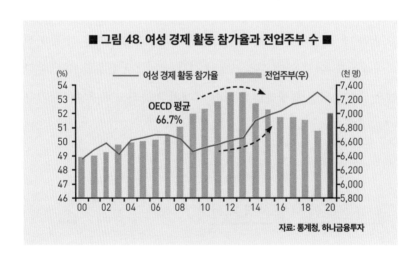

■ 그림 48. 여성 경제 활동 참가율과 전업주부 수 ■

자료: 통계청, 하나금융투자

---

12 비경제활동 여성인구 가운데 경제 활동을 하지 않는 이유가 유아와 가사인 인구

둘째, 대형마트 의무 휴무 규제도 중요한 요인이다. 평일 장보기가 어려운 상황에서 일휴일 휴무는 온라인 쇼핑 수요 증가로 이어질 수밖에 없다. 이는 대형마트 업체들 간의 시장 재편을 가속화하는 요인이기도 하다. 과거 대형마트 업체들의 시장점유율 경쟁이 주로 오프라인 점포의 영업상 중첩 지역에 한정적으로 나타났다면, 온라인 유통 환경 하에서는 지역에 상관없이 경쟁사 고객을 빼앗아 올 수 있게 되었다. 절대적 시장점유율이 가능해진 것이다.

셋째, 식품 온라인에 대한 신뢰도 상승이다. 설문조사를 보면 온라인으로 식품 카테고리를 구매하지 않는 가장 큰 이유는 신선도에 대한 의심이었다.[13] 그런데 최근 기술 진보와 유통 업체들의 설비투자 확대로 신선도를 유지하면서 빠른 시간 내에 배송할 수 있게 되었다. 소비자의 품목별 배송 수요의 양과 위치를 정확히 파악, 예측할 수 있는 데이터베이스 소프트웨어 역량도 크게 향상되었다. 결품률[14]과 오배송률[15]을 줄이면서 2만 개의 SKU를 6시간 내에 픽킹 및 패키징해서 배송할 수 있는 DPS, 풀필먼트Fulfillment 시스템 등을 갖춘 업체들도 잇따라 생겨났다. 이를 통해 물류센터별로 효율적인 재고 입고와 출하가 가능하며, 재고 처분 손실을 최소화하면서 가동률을 극대화할 수 있게 되었다.

동일 배송지의 드롭률이 높지 않으면 물류센터와 차량 운용의 고

---

13 식음료신문, 2019.2.11.
14 결품미배송건수/총 주문건수. 주문과 실제 재고 사이의 오류로 발생한다.
15 오배송건수/총 주문건수. 품목, 수량, 배송처의 오류로 발생한다.

정비 부담을 감당하기 어렵다. 최신 GPS 시스템은 빅데이터를 통해 현재뿐 아니라 30분, 1시간 후 교통량을 예측하여 최단 거리와 배송 시간의 정확도를 높였다. 한정된 시간에 배송 횟수를 늘리고 택배기사(개인 사업자)의 사업성을 높이면서 배송 비용을 낮췄다. 과거에는 신선도와 사업성 문제로 거래가 미미했던 식품 온라인 유통이 단순히 서비스가 아닌 '비즈니스'로 자리매김할 수 있게 됐다.

넷째, 레저 수요 확대도 하나의 이유다. 주말 레저 인구가 점점 많아지면서 자동차를 몰고 대형마트를 향하는 수요가 상대적으로 줄어들게 되었다. 재미있는 현상은 온라인 쇼핑 요일별 결제를 보면 목요일까지 비슷하게 높다가 금~일요일에 뚝 떨어진다는 것이다. 오프라인 대형마트와 백화점 매출이 금~일요일에 집중되는 것과 반대다. 목요일까지 주문하고, 금요일에 받아서 토요일에 야외로 떠나는 것

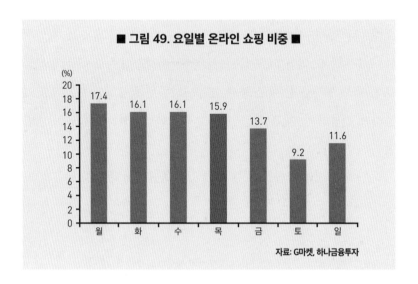

■ 그림 49. 요일별 온라인 쇼핑 비중 ■

자료: G마켓, 하나금융투자

이다. 참고로 신세계/현대/롯데 같은 대형 유통 그룹들은 이러한 레저 수요를 트래픽으로 확보하기 위해 다양한 프리미엄 아웃렛과 스타필드와 같은 복합몰을 도심 외곽과 교외에 운영하고 있다.

외형만 커진 식품 온라인 시장과 유통 업체들

서비스 제공 업체와 카테고리, 배송 서비스가 한층 다양화됐고, 2018년 쿠팡을 중심으로 역마진 MS 확대 전략이 강화되면서 식품 온라인 시장은 새로운 전기를 맞이하게 되었다. 2018년 하반기 이후 식품 온라인 카테고리가 온라인 유통 시장 성장을 주도하면서 2020년 국내 식품 온라인 시장 규모는 26조 원에 이르게 되었다. 전체 식품 시장의 21% 비중까지 올라왔다.

애초 쿠팡의 식품 비중은 10% 미만, 신선식품 비중은 2~3%(추정) 수준에 불과했는데, 2018년 이후 식품 카테고리가 YoY 40% 이상 고신장하면서 핵심 성장 동력으로 작용하게 되었다. 물론 쿠팡의 식품 온라인 사업 구조와 인프라는 이마트나 롯데마트, 마켓컬리 등 전문 업체들에 비할 바 아니다. 신선식품의 경우 소비자와 생산자/도매업자들을 중개만 해 주는 형태로 풀필먼트나 콜드체인 등에 기반한 물류가 아닌 경우가 많다. 중·장기적인 한계는 명확하지만 매출 비중이 작고, 수요가 크게 증가하고 있기 때문에 적극적인 벤더 확충과 프로모션, 배송 서비스로 외형 성장에 기여도를 높이고 있다.

이들 업체들의 최근 투자는 상당히 공격적이다. 단기적인 이익보다는 인프라와 마케팅 확대를 통해 외형 성장에 초점을 두고 있다. 쿠팡은 2018년 2조 원의 투자를 유치한 이후 프로모션을 더욱 확대했다. 국내 주요 포털 사이트 배너를 도배했으며, 회원 무료배송 서비스 로켓와우의 체험 기간을 계속 연장했다. 로켓와우는 유료화를 했지만 월회비가 2,900원에 불과해 실질적으로 무료 배송이나 다름 없다. 고객 만족도는 높지만 막대한 배송 비용은 쿠팡 영업 손실의 가장 큰 요인으로 작용하고 있다. 식품 매출 비중 상승으로 물류센터 증설이 필요했는데, 상장 전 지난 2~3년 쿠팡 물류센터 증설은 대부분 임차를 통해 이루어졌다. 마켓컬리는 매출이 너무 많이 증가해 Capa 부족으로 품절이 일상화됐다. 2019년 2,000억 원 신규 투자를 유치하면서, 2021년 2월 약 300억 원을 투입한 김포 물류센터가 문을 열었다. 오아시스는 2019년 3분기에 기존의 5배 규모 물류창고 시설 투자를 진행하여 부족한 Capa를 확보했다.

식품 온라인 시장 주도권을 확대하기 위한 마케팅/서비스 경쟁으로 수익성을 기대하기 어려운 상황이다. 마켓컬리의 2020년 매출은 9,530억 원으로 전년 대비 124%나 성장했는데, 영업 손실은 1,163억 원으로 오히려 손실 폭을 키웠다. 오아시스만 매출이 증가하면서 영업이익도 증가세를 지속하고 있을 뿐이다.[16] 한편 2018년 1조 970억 원 영업 손실을 기록했던 쿠팡은 2020년 영업 손실 규모를 5,500

---

16 2020년 매출 2,386억 원, 영업이익 97억 원(YoY +87억 원)

억 원으로 크게 줄였다. 원가율과 판관비율이 모두 하락했는데, 바잉
파워가 상승하고 고정비 부담이 완화되는 측면에서는 긍정적이지만,
쿠팡은 워낙 공산품 비중이 높기 때문에 식품 온라인 사업자로서 실
적의 의미를 평가하기는 어렵다. 쿠팡에게 식품 카테고리는 고객의
트래픽이나 충성도를 높이기 위한 마케팅 성격이 강하기 때문이다.

그럼 한국 식품 온라인 사업자들은 향후 어떤 가능성을 엿볼 수 있
을까? 월마트는 대형마트 업체로서 미국 식품 온라인 시장에서 패권
을 잡아 가고 있다. 이마트는 쓱닷컴을 통해서 돌파구를 찾고자 노력
하고 있다. 월마트와 아마존의 경쟁은 한국에서 이마트와 쿠팡의 경
쟁에 힌트를 줄 수 있다. 월마트와 이마트의 비교를 통해 이마트의
가능성과 한계를 같이 살펴보자.

케이스 스터디:
월마트 vs. 이마트

월마트: 오프라인 경쟁력으로 온라인까지 1위를 하다

월마트는 1962년 설립된 미국 1위 오프라인 유통 업체이다. 아칸소주의 작은 식료품점에서 출발, 1991년부터 멕시코를 시작으로 해외 진출을 본격화하고 있다. 현재 27개 국가에서 56개 브랜드, 11,501개 점포를 운영하는 글로벌 1위 유통 업체로 성장했다. 주력 시장인 미국에서 오프라인 할인점 '월마트(4,743개)'와 회원제 창고형 할인점 '샘스클럽Sams's Club'을 운영하고 있으며 총 5,355개 점포를 보유하고 있다.

월마트는 크게 3종류의 매장을 운영하고 있으며 지역 상황에 맞게 입점하고 있다. 미국 인구 약 90%가 월마트 매장에서 10마일(16km) 내에 거주하고 있으며 다수 매장이 24시간 영업하고 있다. 'Every Day Low Price^EDLP'라고 불리는 저가 전략을 펼치며 PB 상품도 판매한다. 연매출 10억 달러가 넘는 PB 브랜드 18개를 보유하고 있는데 가장 유명한 PB 브랜드인 'Great Value'는 연매출이 270억 달러에 달한다. 샘스클럽은 미국에 599개 매장을 운영하고 있으며 코스트코와 유사하게 연회비를 받는 대신 마진을 적게 가져가는 사업 구조를 취하고 있다.

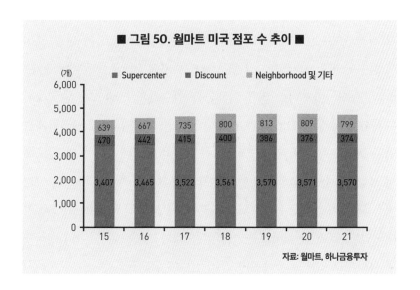

■ 그림 50. 월마트 미국 점포 수 추이 ■

■ Supercenter ■ Discount ■ Neighborhood 및 기타

자료: 월마트, 하나금융투자

월마트는 전 세계에서 매출액이 가장 큰 기업으로 2021년[17] 기준

---

[17] 회계기준 연도. 2021년 1월 결산으로 실질적으로는 2020년에 가깝다.

총매출액이 5,590억 달러(YoY 7%)에 달한다. 사업부별 매출 비중은 월마트 미국 65%, 월마트 해외 23%, 샘스클럽 11%다. 지역별 매출 비중은 미국 77%, 해외 23%이다. 상품 카테고리별 매출 비중은 월마트 미국의 경우 식료품이 56%로 절반 이상을 차지하며, 샘스클럽도 식료품 비중이 60%로 과반을 차지한다. 채널별로는 이커머스가 약 10%를 차지하며 대부분 매출이 오프라인에서 발생하고 있다.

월마트는 2000년 온라인 웹사이트 walmart.com과 samsclub.com 을 개설하여 본격적으로 이커머스 사업을 시작했는데, 2016년부터 아마존에 대응해 다수의 이커머스 회사를 인수하며 역량을 강화하기 시작했다. 2016년 8월 이커머스 스타트업 Jet.com을 33억 달러에 인수하였고, 카테고리 경쟁력 제고를 위해 Moosejaw/ModCloth/Bonobos 등 이커머스 의류 업체들을 인수하기도 했으며, 중국 2위 이커머스 업체인 JD.com과 전략적 협업을 맺었다. 2018년 5월에는 인도 최대 이커머스 업체 Flipkart를 160억 달러에 인수하며 인도에서 시장점유율을 크게 확대했다. 이러한 M&A 효과로 월마트의 이커머스 채널 매출 비중은 2015년 약 3%에서 2020년 약 10%로 크게 확대되었고, 2020년 월마트는 이베이를 제치고 아마존에 이어 미국 2위 이커머스 업체로 올라섰다.

갤럽 조사에 따르면, 2019년 미국 인구의 81%가 온라인에서 식료품을 구매해 본 적이 없으며, 약 4%만이 1주일에 적어도 1번 주기적으로 식료품을 온라인에서 구매한다고 한다. 2019년 미국 식료품 이커머스 침투율은 3%로 전체 이커머스 침투율인 11%에 크게 못 미치며 카테고리 중 최하위권을 차지하고 있다. 영국이나 한국의 경우 식료품 이커머스 침투율은 15%에 달한다.

■ 그림 51. 미국 이커머스 시장점유율 및 순위 ■

Amazon 38
Walmart 5.8
eBay 4.5
Apple 3.5
Home Depot 1.9
Best Buy 1.5
Target 1.5
Costco Wholesale 1.3
Wayfair 1.3
Macy's 0.9

0 5 10 15 20 25 30 35 40 (%)

자료: eMarketer, 하나금융투자

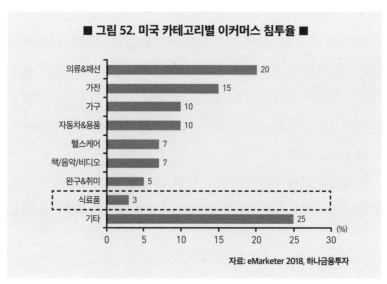

■ 그림 52. 미국 카테고리별 이커머스 침투율 ■

의류&패션 20
가전 15
가구 10
자동차&용품 10
헬스케어 7
책/음악/비디오 7
완구&취미 5
식료품 3
기타 25

0 5 10 15 20 25 30 (%)

자료: eMarketer 2018, 하나금융투자

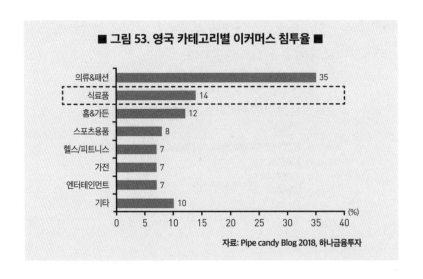

■ 그림 53. 영국 카테고리별 이커머스 침투율 ■

카테고리	값
의류&패션	35
식료품	14
홈&가든	12
스포츠용품	8
헬스/피트니스	7
가전	7
엔터테인먼트	7
기타	10

자료: Pipe candy Blog 2018, 하나금융투자

하지만 미국 식품 온라인 시장은 다른 카테고리보다 빠르게 성장하여 2024년 시장 규모는 1,877억 달러로 2019년(622억 달러) 대비 3배 이상, 이커머스 침투율도 13.9%까지 상승할 것으로 전망되고 있다.[18] 최근 코로나19 사태 이후 온라인 쇼핑으로의 전환은 더 빠르게 이루어지고 있다. 2020년 4월 도이치뱅크 설문조사에 따르면 미국 식료품 구매자 중에서 지난 12개월 내 온라인으로 식료품을 구매해본 적이 있다고 응답한 사람의 비중은 45%로 2019년 10월 28%에서 큰 폭으로 상승했다.

특히 온라인에서 식료품을 구매한 사람들 중 57%가 월마트를, 47%가 아마존을 이용했다고 응답했다. 월마트는 2019년 미국 식료

---

18 eMarketer, 2021.3.

품 리테일 시장에서 압도적인 시장점유율을 차지하는 1위 사업자가 되었다. 미국 식품 온라인 시장은 식료품 리테일 시장점유율 1위 업체인 월마트와 이커머스 시장점유율 1위 업체인 아마존이 양강 구도를 형성하고 있다.

최근 월마트의 식품 온라인 시장 선전은 옴니채널 전략이 주효했기 때문이다. 월마트는 M&A를 통한 이커머스 역량 강화 외에도 온라인과 오프라인을 연결하는 옴니채널 전략을 펼치고 있다. 2007년부터 온라인에서 구매한 후 오프라인에서 픽업하는 'Site-to-Store (Click & Collect)' 서비스를 론칭하며 옴니채널 전략을 시행했는데, 2017년 1월부터는 배송 서비스를 본격화하며 200만 개 이상 품목에 대해 'Free Two-Day Shipping' 서비스를 시작했다. 2019년 4월 아마존이 프라임 회원을 대상으로 1일 무료 배송 서비스를 발표한 후 이에 대응해 2019년 5월 'Next Day Delivery'를 론칭했다. 해당 서비스를 통해 미국 인구의 75%가 월마트에서 35달러 이상 주문 시 다음날 물건을 수령할 수 있게 되었다.

또한 2019년 6월 연회비 99달러로 식료품을 무제한으로 무료 배송받을 수 있는 'Delivery Unlimited'를 론칭하며 아마존과의 온라인 식료품 경쟁에 적극적으로 대응하고 있다. 2021년 1월 기준 미국에 약 3,750개 픽업 매장, 3,000여 개 당일배송 매장을 운영하고 있다. 2020년 4월에는 2시간 내 배송해 주는 서비스(Express Delivery)를 론칭했다고 공식 발표했다.

구분	내용
Walmart Pickup	온라인에서 주문 후 점포에서 픽업. 3,200개 점포에서 가능
Grocery Pickup	3,200개 점포, 678개 도시에서 가능
Free Two Day Shipping	구매 금액 35달러 이상
Next Day Delivery	구매 금액 35달러 이상. 22만 개 품목 가능. 미국 인구 75% 커버 가능
In Home Delivery	미국 3개 도시에서 가능. 미국 100만 고객 커버 가능. 집 안까지 배송
Delivery Unlimited	1,400개 매장에서 진행, 일정 멤버십 요금을 지불하면 무제한으로 식료품 무료 배송(월회비 12.95달러, 연회비 98달러)

자료: 월마트, 하나금융투자

아마존은 2019년 2분기부터 4분기까지 1일 배송을 위한 추가 투자로 31억 달러를 집행하는 계획을 발표했다. 동일 기간 북미 이커머스 매출이 YoY 20% 증가했는데 배송 비용은 각각 YoY 36%, 46%, 43% 크게 증가하면서 북미 이커머스 영업이익은 YoY 15%, 37%, 16%으로 역신장했다. 당시 고마진 클라우드 사업이 높은 신장세를 보였지만, 이런 배송 인프라 확대를 위한 막대한 신규 투자와 이커머스 부문 실적 저하가 주가 부진 요인으로 작용하기도 했다. 2017년 홀푸드마켓을 인수했는데도 불구하고 미국 내 560여 개 점포, 150여 개 픽업 매장에 불과하기 때문에 미국 전역 식품 온라인 당일 배송을 위해서는 막대한 물류 인프라 투자가 추가적으로 필요했다.

반면에 같은 기간 월마트 미국 사업부는 식료품 픽업/배달 호조로 이커머스 증가율이 YoY 30~40%대에 이르렀으며, 기존점 성장률에서 이커머스가 기여하는 비중도 점차 확대되어 갔다. 2018~19년 분기 누적 기존점 성장률이 6%대를 유지했으며, 2020년에는 코로나19 사태로 9%까지 상승했다. 이커머스 매출은 YoY 70% 가까이 증가하며 기존점 성장률에 6%p 기여했다. 이미 4천 개에 가까운 픽업 매장 등을 운영하는 만큼 신규 투자로 인한 이익 훼손 가능성은 제한적이었으며, 옴니채널 효율화에 더 집중할 수 있었다.

■ 표 12. 월마트 연간 실적 추이와 전망 ■

(단위: 백만USD)

	2019	2020	2021	2022F	2023F	2024F
매출	514,405	523,964	559,151	554,064	569,660	587,600
월마트 미국	331,666	341,004	369,963			
월마트 해외	120,824	120,130	121,360			
Sam's Club	57,839	58,792	63,910			
멤버십 및 기타	4,076	4,038	3,918			
영업이익	21,957	20,568	22,548	24,343	25,331	27,169
월마트 미국	17,386	17,380	19,116			
월마트 해외	4,883	3,370	3,660			
Sam's Club	1,520	1,642	1,906			
기타	(1,832)	(1,824)	(2,134)			
세전이익	11,460	20,116	20,564	21,952	23,419	24,808
당기순이익	7,179	15,201	13,706	15,692	17,227	18,069
지배주주순이익	6,670	14,881	13,510	15,692	17,227	18,502
EPS(USD)	2.36	5.25	4.77	5.54	6.08	6.53
매출(YoY, %)	2.9	1.9	6.7	-0.9	2.8	3.1
월마트 미국	4.1	2.8	8.5			
월마트 해외	2.3	-0.6	1.0			
Sam's Club	-2.3	1.6	8.7			
멤버십 및 기타	-11.0	-0.9	-3.0			
영업이익(YoY, %)	7.4	-6.3	9.6	8.0	4.1	7.3
순이익(YoY, %)	-32.4	123.1	-9.2	16.1	9.8	7.4
영업이익률(%)	4.3	4.0	4.0	4.4	4.4	4.6
순이익률(%)	1.3	2.9	2.4	2.8	3.0	3.1

주: 회계연도 1월 결산

자료: 월마트, Bloomberg 시장예상치, 하나금융투자

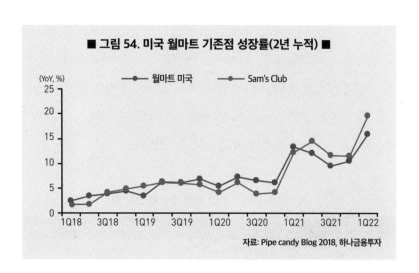

■ 그림 54. 미국 월마트 기존점 성장률(2년 누적) ■

(YoY, %)   ━●━ 월마트 미국   ━●━ Sam's Club

자료: Pipe candy Blog 2018, 하나금융투자

이마트: 사업 확장에도 실적이 부진했던 이유

이마트는 국내 대형마트 사업의 성공을 기반으로 대외적으로 중국/베트남 등 해외 진출을 확대하고, 국내에서는 SSM(에브리데이), 온라인 쇼핑(이마트몰, 현재 쓱닷컴), 창고형 대형마트(트레이더스), PB(노브랜드), 홈쇼핑(신세계쇼핑), 복합쇼핑몰(스타필드)까지 진출했다. 해외 사업을 제외하고, 대체로 이러한 사업 확장과 사업 구조 변화는 소비 트렌드에도 부합하는 전략이라는 평가다.

이마트몰을 통해서 온라인 수요 확대에 대응하기 시작했는데, 특히 용인과 김포에 잇따라 온라인 전용 물류센터를 확대하면서 생필품 온라인 유통을 선도했다. CA Controlled Atmosphere 저장고 등 후레쉬센터를 기반으로 한 신선식품 유통 역량은 단연 최고다. 또한 신선식품 MD를 지역별 농수산도매센터에서 산지 직구매로 전환하여 원가 경쟁력을 제고시켰다. 현재 신선식품을 이마트처럼 싸게(대량 구매), 신선도를 유지하면서(전용 물류센터), 당일 배송까지 가능한 유통 업체는 한국에 없다. 초기 인프라 투자를 완료하면서 2017년에 이미 식품 온라인 시장 주도권을 확보하여 이 부문에서 가장 의미 있는 사업자가 되었다.

그런 면에서 2018~19년 이마트의 실적 부진은 납득하기 어렵다. 글로벌 유통의 3대 흐름이라고 하는 PB/창고형 대형마트/식품 온라인 시장을 노브랜드와 트레이더스, 쓱닷컴을 통해서 선도하고 있음에도 불구하고 실적은 잇따라 어닝 쇼크를 냈다. 그 원인은 다각도에서 분석할 수 있다. 최저임금 상승과 영업시간 단축, 전문점 사업에서의 손실이 예상보다 컸다. 하지만 가장 큰 원인은 예상보다 가파른 식품 온라인 시장의 성장이었다. 2018년 하반기부터 쿠팡을 비롯한 온라인 유통 업체들의 역마진 MS 확대 전략이 식품 온라인 시장으로 확장되면서 2019년 식품 온라인 시장은 YoY 26%나 성장했다. 김포 이마트몰 물류센터는 신규 센터 완공을 1년이나 앞두고 이미 풀가동 상태였다. Capa 부족이었다.

2016년 이후 동대문/구리/미사리 등의 부지 확보에도 불구하고 인근 주민들의 반대로 번번이 Capa 증설이 무산되면서 물류센터 건설이 3년이나 지연되었다. 그러다 보니 2018년 하반기부터 품절이 많아지고 시장 성장률도 따라가지 못하는 상황에 놓이게 되었다. 반면에 오프라인 할인점에서는 예상보다 객수가 빠르게 줄어들면서 효율성이 떨어지고 고정비 부담이 커졌다. 특히 트래픽이 줄면서 영업면적의 절반을 차지하는 의류/생활용품 카테고리 매출이 급감했다.

롯데마트와 홈플러스는 문 닫는데 이마트는 신규 오픈하는 이유

2020년 7월 「롯데마트, 홈플러스 문 닫는데 이마트는 신규오픈, 왜?」[19]라는 신문기사가 눈에 띄었다. 이마트는 2020년 7월에 신촌점을 오픈했는데, 2018년 의왕점 오픈 이후 19개월 만에 하는 신규 출점이었다. 5월에는 5,800평 규모로 월계점을 리뉴얼 오픈했다. 이런 움직임은 경쟁사 홈플러스/롯데마트와 대조적이었다. 롯데마트는 2020년 12개의 매장을 스크랩했고, 홈플러스도 안산점을 매각했다. 안산점은 전국 홈플러스 매장 중 매출 상위 점포다. 대전 둔산점과 대구점 매각도 추진 중이다.

이와 함께 눈에 띄는 뉴스는 「쇼핑 공간이자 물류센터… 이마트의 점포 활용법」[20]이다. 이마트 첫 매장형 물류센터 'EOS Emart Online Store' 청계천점에 대한 기사였다. 이 점포는 2020년 1월에 최대 20km 거리에 있는 소비자가 온라인으로 상품을 주문했을 때 2시간 내 배송하는

---

19 비즈한국, 2020.7.24.
20 조선비즈, 2020.7.22.

EOS로 전환했다. 이를 위해 자동화된 상품 분류, 배송 시스템을 구축했다. 물론 기존처럼 매장에서 상품 구매도 가능하다.

■ 그림 55. 이마트 첫 매장형 물류센터 'EOS' 청계천점 ■

자료: 이마트, 하나금융투자

2020년 2월 이마트는 김포 제2물류센터를 본격 가동했다. 총 3개 물류센터에서 2~3만 개 SKU를 하루 7만 개 이상 발송할 수 있게 되었다. 오프라인 매장 PP센터까지 합하면 12만 개 발송 Capa다. PP센터는 기존 오프라인 매장 일부 공간을 온라인 배송기지로 리모델링한 곳이다. 서울 동/남쪽의 경우 물류센터가 없거나 Capa가 작기 때문에 기존 오프라인 점포 공간 일부를 온라인 물류 지원 공간으로 만들었다. 이를 통해 이마트몰 매출을 월 1,600억 원까지 올릴 수 있게 되었다. 식품 비중이 75%, 신선식품은 35%다. 배송 차량은 2,500대,

지입차량 형태로 대부분 냉장탑차다. 2018년 대비 2배 이상 Capa 증설이다.

결국 최근 이마트가 140여 개 오프라인 매장에 대해 부담을 느끼지 않는 이유는 옴니채널 전략의 성공적인 안착 때문이다. 현재 쓱닷컴 매출의 절반이 이마트몰이고 이마트몰 매출의 50%가 PP센터에서 발생하고 있다. 애초에는 온라인 전용 물류센터 Capa 증설이 지연되면서 임시방편 대응 전략이었는데 지금은 온라인 핵심 전략으로 자리매김하고 있다. 월계점의 리뉴얼 상품 구성을 보면 이런 전략을 더 명확히 알 수 있다. 식품매장 규모를 100평 더 늘렸고, 축·수산 매장은 고객 취향에 맞게 제품을 손질해 주는 등 신선식품 부문을 강화했다. 그러면서 비식품매장 규모를 대폭 축소했다. 이마트는 앞으로 전국 140개 점포 중 30% 이상을 월계점처럼 리뉴얼한다는 계획이다.

코로나19 사태는 전화위복의 기회로 작용했다. 국내 코로나19 사태가 본격화된 2020년 상반기 쓱닷컴 매출은 YoY 50% 이상 성장했다. 오프라인 점포 매출도 YoY (+)로 전환했다. PP센터는 이마트 오프라인 기존점 매출로 잡히기 때문에 PP센터 매출 성장은 온라인은 물론 오프라인 점포 성장률 제고에도 도움이 됐다. 이마트의 2020년 이후 오프라인 기존점 성장률이 빠르게 회복하는 이유도 PP센터 활성화의 영향이 크다. PP센터 매출이 YoY 30% 이상 성장하면서 할인점의 기존점 성장률을 2%p 내외 제고시키고 있다. 물론 롯데마트 등 경쟁사 점포 스크랩 영향도 작지 않았다. 2020년 경쟁사 폐점 점포 인근 이마트 점포 매출이 평균 10% 증가했다고 한다. 전체 기존점 성장률을 1%p 올릴 수 있는 수치였다.

이마트의 이러한 옴니채널 전략은 ① 기존 오프라인 매장 영업 면적의 50%를 차지하던 공산품 매출이 크게 위축되면서 불거진 오프라인 매장의 비효율화, ② 온라인 Capa 부족 해결이라는 두 마리 토끼를 다 잡는 것이다. 롯데마트와 홈플러스도 최근 이마트의 PP센터와 같은 형태를 구현하고 있지만 큰 성과를 기대하기는 어려워 보인다. 두 회사 모두 식품 온라인 시장에서 이렇다 할 성과를 내지 못하고 있기 때문에 이런 리모델링 니즈가 근본적으로 크지 않다.

물류 인프라의 역할: 2016년의 기억

신선식품 온라인 시장에서 오프라인 점포와 물류 인프라의 역할을 잘 확인할 수 있는 시기는 신선식품 가격 변동이 클 때다. 공산품과 달리 신선식품은 날씨에 따라 작황이 크게 달라지고 가격 변동성도 클 수밖에 없다. 2020년 역대 최장 장마와 수해로 인해 500원짜리 애호박이 5,000원까지 올랐다고 야단이었다. 신선식품 가격 상승은 대형마트 업체들에게 긍정적일까 부정적일까? 결론부터 말하면 유통력에 따라 다르다. 얼마만큼 낮은 가격에 충분한 물량을 확보할 수 있느냐가 관건이다.

2016년 여름에도 작황이 좋지 않았다. 하지만 이마트와 롯데마트 두 회사의 사업에 미치는 영향은 반대였다. 이마트는 당시에도 국내 최대 신선식품 바이어였으며, 6개월 동안 신선도를 유지할 수 있는 CA저장고를 갖고 있었다. 따라서 ① 미리 많은 양의 상품을 싸게 매입해 놓을 수 있었고, ② 이미 대부분 신선식품 상품을 생산지로부터 직매입했기 때문에 작황이 안 좋을 때도 상품을 충분히 확보할 수 있었다.

반면에 롯데마트는 당시만 해도 대부분의 신선식품 상품 재고를 가락동 농수산시장 등에서 도매 거래를 통해 확보했다. 이마트의 CA저장고 같은 시설을 갖춘 것은 2018년 말부터다. 충분히 재고를 확보하지 못한 상태에서 작황 악화로 가격 상승을 맞이하자, ① 원가도 같이 상승하게 되었고, ② 상대적으로 제한적인 공급자 네트워크로 무리하게 신규 매입을 확대하다가 퀄리티에 문제가 생겨 폐기 처분까지 증가하게 되었다.

이에 따라 롯데마트 매출은 2016년 1분기 YoY 2% 증가하다가 2~3분기 -3%, -1%로 하락 전환했고, 3분기 영업이익은 70억 원으로 전년 동기 대비 400억 원이나 감소하는 부진을 겪었다. 롯데마트 실적 부진에는 리뉴얼 영향도 있었지만 식품 소싱 미스 및 판매 부진이 주요인으로 작용했다. 반면에 이마트 할인점 부문은 2016년 3분기 전년도 높은 베이스에도 불구하고 매출 YoY 5% 신장했고, 판가-원가 스프레드 확대로 영업이익은 2,240억 원으로 전년 동기 대비 6% 증가하면서 시장 기대치를 크게 넘는 어닝서프라이즈를 기록했다. 2020년에도 역대 최장기 장마 이후 신선식품 작황 불안으로 마켓컬리와 쿠팡은 소싱 역량의 한계가 드러났지만 이마트는 가격 할인을 펼칠 정도로 재고의 여유를 보여 주었다.

오프라인 인프라의 가치 부각

미국에서 월마트의 선전과 주가 상승은 시사하는 바가 크다. 2010년 이후 많은 오프라인 점포를 갖고 있는 기존 대형 유통 업체들은 온라인으로 소비 채널이 이동하면서 급격한 실적 부진을 경험해야 했는데, 이는 오프라인 점포의 비효율화/고정비 부담 때문이었다. 영업의 디레버리지 효과가 컸던 것이다. 2010년 이전에는 높은 진입장벽으로 작용했던 오프라인 점포가 이제는 사업 성장과 전략 변화의 제약 요인과 비용 부담으로 작용하고 있다. 그래서 최근까지 유통 업체들의 높은 오프라인 점포 매출 비중은 밸류에이션 할인 요인으로 작용했다. 하지만 월마트의 실적과 주가가 턴어라운드하면서 이런 접근법이 수정되고 있다. 최소한 식품 온라인 사업에서는 오프라인 점포가 사업에 부담이 아닌 중요한 사업의 근간이 될 수 있다는 기대가 생기게 되었다.

첫째, 오프라인 매장이 온라인 유통의 '허브' 역할을 할 수 있다. 월마트의 경우 '클릭 앤 콜렉트Click & Collect' 서비스를 통해 온라인이나 모바일에서 상품을 주문하고 월마트 주차장에서 제품을 수령할 수 있다. 방대한 오프라인 점포를 통해 식품 온라인 시장에서 짧은 기간에 아마존을 따라 잡았다. 한국도 마찬가지다. 쿠팡과 마켓컬리 등 식품 온라인 주요 업체들이 신규 투자 유치와 물류센터 임차를 반복하고 있는 반면, 이마트는 기존 오프라인 점포 리뉴얼(PP센터)만으로 차별화된 지역 거점을 확대하고 있다.

둘째, 신선식품은 신선도가 중요하기 때문에 오프라인 점포가 없으면 재고 소진이 어렵다. 온라인에서는 신선도가 떨어지면 할인을 해도 판매 자체가 안 되기 때문이다. 따라서 오프라인 매장이 없으면 2~3일 내에 팔 수 있는 재고만 한정적으로 가져 갈 수밖에 없으며, 이는 매출 측면에서 카테고리 다양성과 매출 규모를 제약하는 요인이 된다. 쿠팡과 마켓컬리 신선식품 매출 규모가 충분히 올라오기 힘든 이유다. 오프라인 매장은 할인판매로 효과적인 재고 소진 공간이 될 수 있으며, 온·오프라인 옴니채널 전략은 고객의 편의성과 신뢰성을 높이면서 집객과 로열티를 제고시킬 수 있다.

셋째, 직매입을 통한 원가율 하락이 가능하다. 오프라인 매장을 크게 갖고 있다는 것은 매출 규모가 크다는 말이고, '입도선매' 방식 산지 직거래까지도 가능하다는 말이다. 다만 이러한 직매입은 CA**Controlled Atmosphere** 저장고 같은 인프라가 전제되어야 한다. CA저장고는 창고에 산소를 빼고 질소와 이산화탄소만으로 공기를 구성하여 과일과 야채가 산화되는 것을 방지하고 6개월 동안 신선도와 당도를 유지할 수 있는 물류 인프라다. 국내에서 CA저장고를 보유한 업체는 이마트(2012년)와 롯데마트(2018년)밖에 없으며, 2,000억 원 내외 신규 투자가 있었다. 이마트는 후레쉬센터 가동 후 대부분 청과 농산물에 대한 매입 방식을 각 지역별 농협/중간도매상을 통한 매입에서 산지 직매입으로 전환했다.

반면에 쿠팡과 마켓컬리 모두 신선식품 직매입 상품의 경우 가락동 농수산시장 등의 중도매인을 통해 조달하고 있다. 산지에서 300원 하는 배추 1포기가 소비자 가격 1,400원으로 올라갈 때 산지유통인과 도매시장법인을 거치면서 가격이 3배 이상 상승한다는 점을 상기할 필요가 있다. 이마트가 쿠팡이나 마켓컬리에 비해 원가 경쟁력이 훨씬 높다.

■ 표 13. 농산물 유통 마진 ■

유통 단계	배추 1포기		양파 2kg	
	매입 가격	유통 마진	매입 가격	유통 마진
농가(생산자단체)	-	-	-	-
산지유통인	300원	-	700원	-
도매시장법인	570원	90%	1,600원	129%
중도매인	930원	63%	2,700원	69%
소매 업체	1,160원	25%	3,600원	33%
소비자	1,400원	21%	4,200원	17%

자료: 한국경제신문, 2016.1.20., 하나금융투자

재미있는 사실은 국내 연간 청과 도매 거래량이 2014년을 정점으로 감소하기 시작했다는 점이다. 청과 소비가 감소했을 리는 없다. 도매시장을 거치지 않고 산지와 유통 업체 간 직거래가 증가한 것이다. 이마트가 CA저장고를 본격적으로 운용하기 시작하고, 국내 식품 온라인 시장이 가파르게 성장하기 시작한 때와 일치한다. 미국 역시

월마트가 타깃이나 홀푸드보다 신선식품 가격이 저렴한 것으로 알려져 있다.

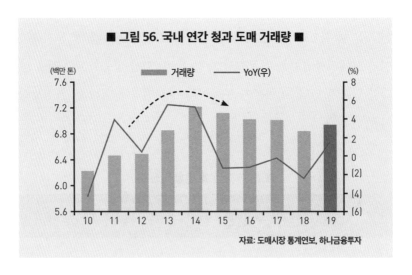

■ 그림 56. 국내 연간 청과 도매 거래량 ■

(백만 톤)   거래량   YoY(우)   (%)

자료: 도매시장 통계연보, 하나금융투자

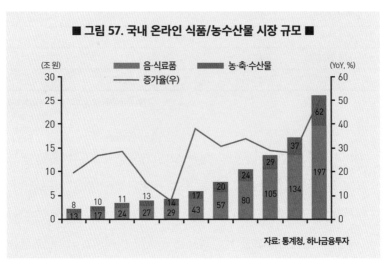

■ 그림 57. 국내 온라인 식품/농수산물 시장 규모 ■

(조 원)   음·식료품   농·축·수산물   (YoY, %)
증가율(우)

자료: 통계청, 하나금융투자

물론 월마트의 옴니채널 전략을 이마트에 그대로 적용하기는 어렵다. 쇼핑 환경과 생활 문화가 상당히 다르기 때문이다. 예를 들어 '클릭 앤 콜렉트'를 한국에서 구현하기에는 주차 공간이 너무 비좁고 불편하다. 미국은 땅이 넓기 때문에 주차장을 횡으로 넓게 구축했지만, 한국의 대형마트들은 기본적으로 땅이 좁고 시내에 있는 경우가 많기 때문에 주차 공간을 종으로 쌓아 올렸다. 주차하기 귀찮아서 대형마트 가기를 머뭇거리는 경우도 적지 않다.

그리고 월마트는 미국 전역에 절대적인 대형마트 시장점유율을 차지하고 있기 때문에 웬만한 가정마다 집에 가는 길에 점포가 하나씩 있다. 하지만 이마트의 시장점유율은 30% 남짓으로 월마트에 비해 상대적으로 열위에 있고 접근성이 떨어진다. 아무튼 최근 PP 센터의 역할 증대, 낮은 원가, 신선식품 가격 상승에 대한 여유 등은 식품 온라인 시장에서 오프라인 점포와 물류 인프라가 얼마나 중요한지를 단적으로 보여 주는 사실이다.

이마트의 식품 온라인 매출 규모는 2019년 1조 1,600억 원(시장점유율 6.8%)으로 1위다. 신선식품 온라인 매출 규모는 5,200억 원으로 시장점유율 14.8%로 추정한다. 식품 온라인 시장이 대형마트와 달리 과점화되지 못하는 이유는 쿠팡은 물론 11번가, G마켓 등 오픈마켓을 통한 산지/제조 업체 직접 판매자가 많기 때문이다. 이마트와 같이 직매입으로 식료품을 온라인 판매하는 업체는 이마트, 롯데쇼핑, 홈플러스 등 메이저 대형마트와 쿠팡, 마켓컬리, 오아시스 정도뿐이다.

쿠팡은 거래액 규모가 2019년 17조 원이나 되지만 실제 매출은 7조 원 남짓으로 플랫폼 서비스만 해 주는 3자 거래가 많은 비중을 차지한다. 식품 매출 규모는 로켓프레시를 모두 식료품이라고 가정하고 하루 배송량 7만 건(2019년)과 ARPU 2.5만 원을 가정하면 2019년 매출 6,400억 원, 신선식품 매출은 2,000억 원 내외로 추산한다. 마켓컬리는 1,260억 원 수준으로 산출된다. 이마트에 크게 못 미친다.

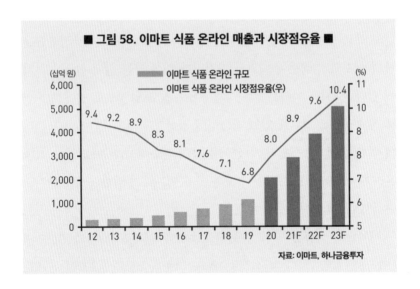

■ 그림 58. 이마트 식품 온라인 매출과 시장점유율 ■

자료: 이마트, 하나금융투자

2020년 이마트 식품 온라인 매출 규모는 2조 700억 원(시장점유율 8%)까지, 신선식품 온라인 매출은 8,900억 원까지 늘어난 것으로 추산한다. 여름 긴 장마기간에 차별적인 물류 경쟁력으로 넉넉한 재고를 통해 시장점유율을 확대했다는 점을 감안하면 2~3위 업체와 시장점유율 격차를 더 벌렸을 것으로 보인다. 아울러 쿠팡의 경우 신선식품 온라인은 신선도 유지의 제약 때문에 로켓프레시에서도 직매입이 아닌 3자 거래를 통해 새벽배송하는 경우가 적지 않다.

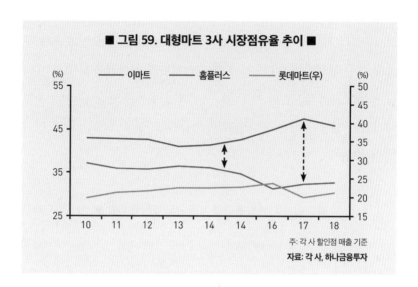

■ 그림 59. 대형마트 3사 시장점유율 추이 ■

주: 각 사 할인점 매출 기준
자료: 각 사, 하나금융투자

결론적으로 대형마트는 식품 온라인으로 가고 있다. 다른 공산품 온라인과 달리 식품 온라인 사업은 카테고리 특성상 여러 추가적인 인프라가 필요하고, Capex가 많이 들어가기 때문에 진입장벽이 높다. 중소기업이 들어오기에는 자본이 너무 많이 필요하고, 해외기업이 들어오기에는 소싱 네트워크 측면에서 한계가 있다. 과거 오프라인 백화점의 진입장벽과 유사하다. 규모의 경제 효과 달성 가능성을 열어 두고 있는 것이다.

다만 대형마트 오프라인 점포의 비효율성은 피할 수 없는 부담이다. 결국 대형마트 시장은 식품 온라인 사업을 어떻게 전개하느냐에 따라 패권이 달라지고 있다. 홈플러스와 롯데마트는 고정비 부담 때문에 오프라인 점포를 줄이고 있지만, 이마트는 오프라인 점포를 오히려 늘리고 있다. 경쟁사 폐점 효과로 기존점 성장률이 높아지고 있고, PP센터 확대로 온라인 Capa 부족과 오프라인 점포 비효율화 문제를 모두 해결하고 있다. 이에 따라 대형마트 시장점유율 격차는 더 크게 벌어지고 있다. 한 가지 남은 문제는 쿠팡과 같은 온라인 유통 대기업이 얼마나 식품 온라인에 비중을 두고 신규 투자를 할 것이냐는 점이다.

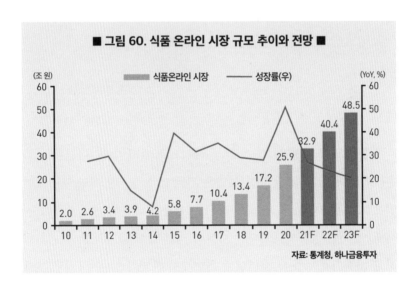

■ 그림 60. 식품 온라인 시장 규모 추이와 전망 ■

자료: 통계청, 하나금융투자

■ 표 14. 이마트 연간 실적 전망 및 밸류에이션 ■
(K-IFRS 연결 기준)

(단위: 십억 원)

	2018	2019	2020	2021F	2022F	2023F
매출액	17,049	19,063	22,033	24,088	25,529	27,018
이마트(총매출)	10,710	11,039	11,228	11,462	11,576	11,692
전문점	818	1,073	1,234	1,370	1,507	1,642
트레이더스	1,910	2,337	2,895	3,356	3,775	4,236
SSG.COM(순매출)		844	1,294	1,618	1,941	2,291
영업이익	463	151	237	361	427	496
이마트	510	280	241	275	278	281
전문점	-74	-86	-35	-7	0	16
트레이더스	63	50	84	104	125	148
SSG.COM		-82	-47	-32	-29	-23
세전이익	585	282	622	426	456	544
순이익	476	224	363	332	355	424
지배주주 순이익	450	234	362	332	355	423
EPS(원)	16,150	8,391	12,979	11,898	12,718	15,178
영업이익률(%)	2.7	0.8	1.1	1.5	1.7	1.8
YoY %	-	-	-	-	-	-
매출액	9.3	11.8	15.6	9.3	6.0	5.8
영업이익	-25.5	-67.4	57.4	52.1	18.3	16.1
지배주주 순이익	-26.9	-48.0	54.7	-8.3	6.9	19.3

주: 2021년 이후 실적은 추정치로 사업 환경에 따라 달라질 수 있음

자료: 이마트, 하나금융투자

5장

온라인화가 소비 밸류체인에
끼친 영향 2 :
온라인 유통

온라인 유통 시장의 재편

온라인 유통 사업에 대한 고민

가전 양판부터 백화점, 대형마트에 이르기까지 메이저 유통 업체들이 온라인 채널 침식으로 심각한 펀더멘털 훼손을 경험하고 있는데, 막상 그 주범들이라고 할 수 있는 온라인 유통 업체들은 어떨까?

한국 온라인 유통 시장의 특징을 한마디로 하면 '파편화'다. 다른 주요 국가들은 대부분 1위 업체가 절대적 시장점유율을 확보하고 있지만, 한국은 대단히 예외적으로 2017년까지 쿠팡부터 시작해서 11번가, G마켓, 옥션, 티몬, 위메프, CJ온스타일, GS숍(GS홈쇼핑), H몰(현대홈쇼핑), 인터파크, 롯데닷컴, 네이버쇼핑까지 10여 개 업체가 5%

내외 시장점유율을 보이며 치열하게 경쟁하고 있다.

온라인 유통 업체는 크게 종합몰과 오픈마켓(판매중개몰)으로 나누는데, 11번가/G마켓/옥션/위메프/티켓몬스터/네이버쇼핑과 같은 오픈마켓은 벤더들과 소비자를 연결시켜 주는 플랫폼 역할만 담당한다. 어떠한 재고 부담이나 판매책임을 지지 않는다. 상품 관련 컴플레인을 할 때 종합몰에서 구매한 상품은 유통회사에 하면 되지만, 오픈마켓에서 구매한 상품은 제조사/벤더에게 직접 해야 한다. 오픈마켓은 벤더들의 자발적인 경쟁에 의해 가격을 낮추면서 거래액을 늘린다.

반면에 홈쇼핑 3사와 유통 대기업을 모회사로 두고 있는 이마트몰/롯데닷컴 등은 종합몰로 구분하는데, 판매책임을 유통 업체가 지기 때문에 소비자 입장에서는 반품이나 교환이 훨씬 수월하다. 벤더들에 대한 기준도 오픈마켓보다 까다롭기 때문에 제품의 신뢰도도 상대적으로 높다. 대신 카테고리 수가 상대적으로 적고 가격도 좀 더 높은 경우가 많다. 요즘은 종합몰도 오픈마켓을 열고, 오픈마켓 업체도 G마켓처럼 물류센터를 구비하는 등 종합몰 성격을 띠기 때문에 구분이 큰 의미가 없어졌다. 쿠팡은 직매입 상품과 3자 거래 상품 거래액 비중이 5:5에 가깝다.

한국은 전 세계에서 가장 인터넷 사용률이 높은 나라로 온라인 쇼핑은 2000년 초부터 시작되었다. 하지만 그때는 오프라인 유통 시장의 기업화가 시작 단계였기 때문에 대기업은 온라인 유통 진입에 큰 매력을 느끼지 못했다. 백화점과 대형마트, TV 홈쇼핑 채널에서 성장 여력이 많이 있었다. 그러다 보니 기존 유통 대기업보다는 쿠팡/위메프/티켓몬스터 같은 신규 소셜커머스 업체들이 큰 화제를 일으키며 잇따라 도전장을 내밀었고, 11번가도 2008년에서야 설립됐다. 2010년 초반에 이르러서는 PC 온라인 쇼핑이 시간과 공간 면에서 여러 제약이 있어 성장에서 한계를 보였다.

2010년 초반까지 한국 온라인 유통 시장에서 산업 구조 재편 시도가 없었던 이유 역시 워낙 시장이 파편화돼 있었기 때문인 듯하다. 2~3개 업체가 합쳐진다고 하더라도 절대적 시장점유율과는 거리가 있었고, 온라인 유통 채널에 대한 기대와 역할 또한 업체별로 천차만별이었다. 11번가는 빅데이터, 네이버쇼핑은 검색 카테고리 확대, 홈쇼핑 업체들은 TV 홈쇼핑 상품의 판매 경로 확장이 목표였다. 무엇보다 대기업 입장에서 볼 때 시장 재편을 위해서는 마케팅을 확대하면서 돈을 써야 하는데 확신이 서지 않았고, 그럴 필요도 느끼지 못했다. 각 업체별로 본 사업에서 현금흐름이 양호했고, 온라인 유통을 확대하면 오히려 오프라인과 TV 홈쇼핑 등 기존 인프라에 훼손이 불가피해 보였기 때문이다.

그런 암묵적 카르텔의 장벽에 금을 내기 시작한 것이 쿠팡이다. 2013년 이후 모바일을 중심으로 온라인 유통 시장이 가파르게 성장하고 있었는데, 쿠팡이 유통 대기업들 입장에서 이전에는 상상도 하지 못했던 수준의 영업적자를 기록하면서 역마진 MS확대 전략을 펼친 것이다. 자본 조달에는 자신 있었던 대기업들이 잇따라 출사표를 던졌다. 11번가, G마켓, 홈쇼핑 업체들까지 돌아가면서 막대한 현금을 마케팅비로 쏟아 부었지만, 이렇다 할 성과를 내지 못하고 재무 구조만 나빠졌다. 2014년 쿠팡의 영업적자는 1,220억 원에서 2017년 6,390억 원까지 기하급수적으로 증가하기 시작했다.

2017년 들어 회의적인 시각이 일기 시작했다. 2017년 쿠팡의 2조 원에 가까운 누적 결손금을 보며, 공산품 중심 온라인 유통 시장은 완전경쟁시장에 가깝기 때문에 유통수수료 기반 비즈니스 모델이 사실상 불가능하다는 인식을 공유하게 되었다. 쿠팡의 사업 모델에 의문을 제기하면서 존속하기 어려울 것이라는 말도 많았다. 이러한 역마진 MS 확대 전략을 지속하려면 기본적으로 자본이 충분해야 하는데, 추가적인 자본 확충 가능성이 높아 보이지 않았다. 유통 대기업들은 온라인 채널을 집객 및 외연 확대를 위한 도구적 수단으로 한정해서 접근하기 시작했다. 백화점과 대형마트, 홈쇼핑 업체들 모두 온라인 채널을 강화했지만 신규 투자는 제한적이었다. 결국 2017년 하반기부터 온라인 유통 시장 성장률은 YoY 10% 중반대로 둔화되었고, 경쟁이 완화되면서 백화점/대형마트/홈쇼핑/온라인 유통 채널 간에 새로운 균형점이 형성되는 듯했다.

2018년 이후 온라인 시장에 일어난 변화

성장률이 둔화되던 온라인 유통 시장에 2018년 들어 2가지 큰 변화가 나타났다.

첫째, 식품 온라인 시장 투자가 크게 증가했다. 2017년 이마트몰이 차별적인 고신장세를 기록하고, 각종 글로벌 리서치 기관에서 식품 온라인 시장을 향후 온라인 유통 시장을 주도할 업종으로 지목하면서 국내 유통/식품 업체들의 움직임이 빨라졌다. 식품 온라인 시장이 가파르게 증가하면서 새벽배송이나 신선식품 등 여러 차별화를 통해 자체적인 기업가치 제고가 가능해졌다. 마켓컬리가 식품이 아닌 공산품 온라인 유통으로 매출 1,570억 원을 일으켰다면 6,000억 원의 기업가치를 인정받으며 투자 유치하기 어려웠을 것이다. 다소 위축되었던 온라인 유통 시장이 활력을 되찾았다.

식품 온라인 시장에서 주도권을 잡거나, 전체 사업 규모를 키워 기업가치를 제고하려는 움직임이 투자로 이어졌다. 서비스 제공 업체

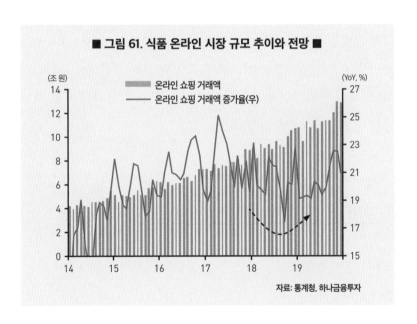

■ 그림 61. 식품 온라인 시장 규모 추이와 전망 ■

자료: 통계청, 하나금융투자

와 카테고리, 배송 서비스가 한층 다양화됐고, 쿠팡을 중심으로 역마진 MS 확대 전략이 강화되었다. 다소 둔화되었던 온라인 쇼핑 성장률이 2018년 말부터 반등하기 시작했다.

당시 식품 온라인 시장을 견인한 업체는 쿠팡과 11번가, G마켓 등 온라인 판매중개 업체들이었다. 애초 이들 회사들의 식품 비중은 10% 미만, 신선식품 비중은 2~3%(추정) 수준에 불과했는데, 식품 카테고리가 YoY 40% 고신장하면서 핵심 성장 동력으로 작용했다. 물론 이들 업체들의 식품 온라인 사업 구조와 인프라는 이마트나 롯데마트, 마켓컬리 등 전문 업체들에 비할 바 아니었다. 신선식품의 경우 소비자와 생산자/도매업자들 중개만 해 주는 형태가 대부분이었다. 풀필먼트나 CA저장고 등에 기반한 물류가 아니었다. 중·장기적인 한계는 명확했지만 식품 매출 비중이 워낙 작고 수요가 크게 증가하고 있었기 때문에 적극적인 벤더 소싱과 프로모션, 플랫폼 구조만으로도 고성장이 가능했던 것이다.

둘째, 쿠팡의 시장점유율이 10%에 도달했다. 2018년 거래액 7.8조 원을 달성하면서 시장점유율 7%를 기록했는데, 2019년 들어 월 거래액을 1조 원 이상 달성하면서 연간 거래액 17조 원, 시장점유율 13%에 이르게 되었다. G마켓과 옥션을 운영하는 이베이를 합칠 경우 20%를 훌쩍 넘으며, 11번가까지 더한다면 35%였다. 경우에 따라 한국에서도 절대적 시장점유율을 확보한 온라인 유통 사업자가 등장할 수 있는 상황이 된 것이다.

이에 따라 쿠팡은 더욱 매출 중심, 외형 성장에 경영 목표를 두게 되었다. 2018년 홈쇼핑 업체들은 1조 원 이상의 쿠팡 영업적자를 보고 숨을 죽였다. 현금 6천억 원 이상을 갖고 있지만 쿠팡 식으로 비용을 쓴다면 6개월이면 동날 판이었다. 맞선다는 것이 무의미하다는 판단 하에 캐시카우인 TV 홈쇼핑 본연의 사업에 집중하게 되었다. 특별한 캐시카우 없이 같은 무대에서 사업을 해야 하는 11번가와 G마켓, 웨메프, 티켓몬스터 등 순수 온라인 유통 업체들은 혼란스러워졌다. 영업적자가 뻔한 상황에서 적극적으로 대응을 해야 할지, 그 효과성에 의문이 따를 수밖에 없었다. 네이버도 큰 고민에 빠지게 되었다.

온라인 유통 삼국시대

네이버는 왜 가격 비교 사이트를 만들었나?

네이버는 '가격 비교'라는 한국만의 특이한 틈새시장을 치고 들어가면서 쇼핑 시장에 문을 두드렸다. 일반적으로 주요 국가에서는 검색과 쇼핑이 분리돼 있다. 미국은 구글과 아마존, 중국도 바이두와 알리바바다. 아마존이나 알리바바가 절대적인 시장점유율을 갖고 있기 때문에 특정 상품에 대한 모든 판매자(벤더)는 각 국가별 1위 쇼핑 사이트에 입점해서 장사하고 있다. 그래서 소비자들은 굳이 1위 사이트 이외에 다른 사이트까지 검색하거나 비교할 필요가 없다.

한국에서는 소비자들이 네이버에서 쇼핑도 한다. 엄격히 말하면 온라인 유통 업체들이 모두 네이버쇼핑에 들어와서 판매를 하고 있다. 네이버는 2015년 전후 온라인 가격 비교 시장을 통일하면서 쇼핑 서비스까지 제공하게 되었다. 네이버쇼핑이 이렇게 한국에서 특별하게 자리매김할 수 있었던 이유는 한국의 온라인 유통 시장이 파편화돼 있기 때문이다. 온라인 유통 업체가 여러 개이고 업체별 상품 가격이 다 다르다 보니 업체별 가격 비교 수요가 발생했고, 그래서 나온 것이 다나와와 네이버쇼핑이다. 다나와는 PC 카테고리에 특화돼 있고, 일반적인 공산품이나 가전은 네이버에서 상품명만 입력하면 가장 싼 가격으로 살 수 있는 온라인 유통 업체를 알 수 있다.

네이버의 비즈니스 모델은 네이버쇼핑으로 유입된 막대한 트래픽을 이용하여 광고 마케팅 수익을 취하는 것이다. 2020년 기준 네이버쇼핑 거래액은 28조 원에 이른다. 여기서 발생하는 직·간접적인 광고 마케팅 수익은 네이버 전체 영업이익의 50%에 이르는 것으로 추정된다. 그렇다면 한국도 쿠팡을 중심으로 온라인 유통 시장이 재편되어 절대적 사업자가 생기면 네이버쇼핑의 역할과 지위가 크게 약화될 수 있다. 네이버쇼핑은 한국 온라인 유통 시장이 재편되는 과정에서 생겨난 '임시 시장' 성격이 짙기 때문이다.

네이버 입장에서는 고민이 많았을 것이다. 한국 온라인 유통 시장도 시장 재편의 움직임이 서서히 일고 있는데, 쿠팡 등 주요 유통 업체들과 본격적인 경쟁을 하기에는 돈도 많이 들고 물류/MD 인프라도 제한적이었다. 그렇다고 가만히 있자니 영업이익의 50%가 날아갈 판이었다.

삼성전자 삼성 SM-T870 갤럭시 탭 S7 WiFi 128GB

브랜드 카탈로그   제조사 삼성전자   브랜드 삼성   등록일 2020.09.   찜하기 1,029   정보 수정요청

화면크기 : 11인치(27.9cm)   통신규격 : WiFi전용   내장메모리 : 128GB   램(RAM) : 6GB   형태 : 패드형   운영체제 : 안드로이드   CPU속도 : 1.8GHz   외장메모리 : mi
코어 : 옥타   패널 : TFT-LCD   디스플레이 특징 : 터치스크린   해상도 : 2560x1600   부가기능 : GPS, 지문인식, 조도센서, 가속도센서, 자이로센서   사용시간 : 15시간

'삼성전자' 브랜드스토어 바로가기 →
브랜드스토어에서 더 많은 브랜드 제품과 브랜드 행사 소식을 만나보세요.

최저 **699,000**원
무료배송 무료

판매처별 최저가

인기순 최저가순   배송비포함 카드할인

경품

판매처	판매가	배송비	사러가기
coupang	최저 699,000	무료배송	사러가기
지오디에스 홀딩스	707,940	무료배송	사러가기
도솔컴퍼니	707,950	무료배송	사러가기
롯데홈쇼핑	708,150	무료배송	사러가기

[최저가 사러 가기]

자료: 네이버쇼핑, amazon.com, 하나금융투자

네이버: 국내 최대 온라인 유통 플랫폼 업체로 등극

2020년 들어 네이버는 국내 최대 온라인 유통 플랫폼 업체가 되기로 방향을 명확히 찾은 듯하다. 쿠팡과 같은 온라인 쇼핑 1위 업체가 시장 재편을 해도 네이버쇼핑이 의미 있으려면 고객을 Lock-In해야 한다. 쿠팡에서 사더라도 쿠팡 사이트에서 직접 사는 게 아니라 네이버를 통해 쿠팡 사이트에 접속하도록 유도해야 한다. 고객 Lock-In은 온라인 유통 모든 업체의 가장 큰 숙제다. 오프라인 유통 시장에서는 점포의 지리적 근접성이 고객을 Lock-In하는 핵심 장치다. 온라인 유통은 지리적 제약이 없기 때문에 Lock-In이 어렵다. 프로모션을 많이 해서 고객이 유입되더라도 다른 회사에서 또 프로모션을 하면 바로 빠져나가는 게 온라인 유통 업체들의 딜레마였다.

네이버쇼핑의 고객 Lock-In 장치는 네이버금융이 될 가능성이 크다. 100만 원을 미리 예치하고 쇼핑하면 연간 3%가 적립된다. 은행 예금 이자율이 1%도 안 되고, 카드사들도 적립 혜택을 크게 줄이는 상황에서 3% 적립은 어마어마한 수치다. 이 3%는 벤더들로부터 수취하는 판매수수료가 재원이다. 다른 온라인 유통 업체들은 구조적으로 이런 페이백을 제공하기 어렵다. 일반적인 오픈마켓 업체들은 10~15% 판매수수료를 주 수익원으로 하는데, 벤더들로부터 이 돈을 받아 인건비와 마케팅비 등 비용을 집행하고 남는 돈을 영업이익으로 취한다. 그런데 온라인 유통 시장의 경쟁 심화로 대부분 영업적자를 기록하는 상황이기 때문에 네이버쇼핑처럼 고객들에게 3% 페이백을 해 주기는 현실적으로 불가능하다.

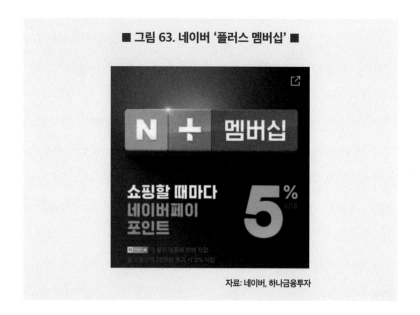

■ 그림 63. 네이버 '플러스 멤버십' ■

자료: 네이버, 하나금융투자

　사실 네이버는 오래전부터 벤더들이나 숍인숍 업체들로부터 받은 판매수수료의 일부분을 집객을 위해 고객들에게 페이백해 주고 있었고, 광고 마케팅 수입으로 영업이익을 창출하고 있었다. 네이버쇼핑의 규모가 증가하면서 좀 더 확실하고 많은 혜택을 고객에게 줄 수 있게 되었고, 마케팅 포인트로 제시할 수 있게 된 것이다.

　네이버쇼핑이 벤더들로부터 받는 판매수수료율은 평균 5% 수준으로 알려져 있는데 다른 오픈마켓 대비 상당히 낮다. 일반적으로 오픈마켓이 10% 내외, 대형마트가 25%, 백화점과 홈쇼핑은 30%를 넘을 때도 있다. 벤더들 입장에서는 네이버를 선호할 수밖에 없다. 이 낮은 판매수수료를 받아서 고스란히 소비자에게 페이백해 주니, 판매자와 고객이 모두 만족스런 유통 플랫폼이다.

이러한 말도 안 되는 사업 구조가 성립하는 이유는 앞서 말한 바와 같이 네이버의 주 수익원이 유통 판매수수료가 아니라 광고 마케팅 수익이기 때문이다. 유통 판매수수료를 마케팅 자원으로 사용할 수 있는 여유는 감히 다른 경쟁사들이 따라갈 수 없는 가장 큰 경쟁력이다. 이러한 고객 Lock-In 정책을 통해 소비자들은 네이버쇼핑을 고집하게 되고, 막강한 집객력 때문에 어쩔 수 없이 11번가와 G마켓 같은 오픈마켓부터 쓱닷컴과 쿠팡과 같은 종합몰까지 모두 네이버쇼핑에 숍인숍으로 입점하게 되는 것이다.

네이버쇼핑은 오픈마켓 형태로 플랫폼을 제공하고 있기도 하다. 즉 중소 제조 업체, 농장주, 딜러 등 각종 판매자(벤더)들을 어떻게 네이버쇼핑에 묶어 둘 것인가가 관건이다. 온라인 유통 업체들에 대한 숍인숍 판매수수료는 매출의 2~3%에 불과하기 때문에 고객들에게 충분한 페이백 자원을 확보하기 위해서라도 이들 3자 거래 벤더를 되도록 많이 확보하는 것이 중요하다. 소비자 입장에서 100만 원을 거리낌 없이 쇼핑을 위해 예치하는 행위는, 네이버에서 고객이 모든 필요한 제품을 언제든지 ① 가장 다양하게 살펴볼 수 있고, ② 가장 싸게 살 수 있고, ③ 가장 빠르게 배송될 수 있다는 신뢰를 기반으로 가능한 것이다.

상품의 다양성을 추가적으로 확보하기 위한 Lock-In 장치로는 라이브커머스와 풀필먼트 서비스가 될 듯하다. 네이버는 라이브커머스를 통해 벤더들이 자유롭게 동영상 광고 방송을 진행할 수 있도록 했는데, 코로나19 사태로 또 하나의 유통 트렌드로 자리매김했다. 소비자들은 직접 매장에 가 보지 않고도 양방향 커뮤니케이션을 통해 (옷을) 입어 보고, (화장품을) 발라 볼 수 있게 되었다. 물론 네이버는 동영상 광고에 일절 관여하지 않는다. 플랫폼 역할만 하는 것이다. 벤더들 입장에서는 고객과 상당히 큰 접점을 찾게 된 것이다.

■ 그림 64. 네이버 라이브 커머스 ■

자료: 네이버, 하나금융투자

풀필먼트 서비스는 오픈마켓 상품의 고질적 문제인 배송의 불규칙성을 해결할 수 있는 정책이다. 네이버쇼핑의 가장 큰 한계는 플랫폼 사업자이기 때문에 물류/배송 인프라가 없다는 것이다. 11번가나 G마켓도 마찬가지지만 네이버쇼핑에서 구매하면 어떤 때는 상품 배송이 1주일 이상 소요되기도 한다. 직매입을 통해 수도권 인근에 대규모 물류기지를 확보하고 있는 쿠팡이나 이마트에 비해 배송 경쟁력이 떨어질 수밖에 없다.

네이버쇼핑은 최근 2가지 해법을 내놓았다.

하나는 CJ대한통운을 통해 자체 물류센터 없이도 신속 배송 체계를 갖출 수 있게 됐다. CJ대한통운 물류센터에 대형 벤더 상품을 보관하고 있다가 24시간 이내로 보내 주는 서비스다. 2020년 2월 CJ대한통운과 업무를 제휴하고, 같은 해 10월 CJ와 주식 교환으로 CJ대한통운 지분 7.85%를 확보(3대 주주)함으로써 가시성이 더욱 높아졌다.

또 하나는 풀필먼트 사업이다. 중소 벤더 상품의 빠른 배송을 위해 네이버가 재고관리와 출고를 원스톱으로 해 주는 것이다. 홈쇼핑에서 중소 벤더들에게 제공하는 물류 서비스와 유사하다. 전문성을 위해 아웃소싱이나 JV^{Joint Venture} 형태로 진행할 가능성이 크다. 이러한 소비자/판매자에 대한 Lock-In 장치 구축으로 네이버는 플랫폼 사업자로서 한국 온라인 유통 시장의 한 축을 담당하게 될 것으로 보인다. 온라인 가격 비교 사이트로 시작해 국내 최대 오픈마켓, 플랫폼 업체로 자리매김하게 되는 것이다.

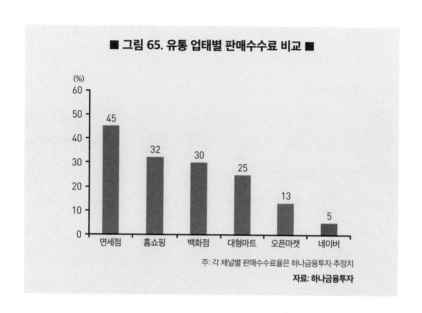

■ 그림 65. 유통 업태별 판매수수료 비교 ■

(%)

면세점 45
홈쇼핑 32
백화점 30
대형마트 25
오픈마켓 13
네이버 5

주: 각 채널별 판매수수료율은 하나금융투자 추정치

자료: 하나금융투자

쿠팡: 국내 최대 온라인 유통 회사

쿠팡의 가장 큰 경쟁력은 국내 온라인 유통 시장 최대 바잉 파워다. 애경산업과 아모레퍼시픽, 네오팜 등 국내 메이저 생활용품/화장품 업체들이 잇따라 쿠팡 향 매출 비중을 늘리고 있다. 이들 업체 가운데서는 온라인 매출에서 쿠팡 향 매출이 50%를 넘는 회사도 많다.

LG생활건강(생활용품 부문)과 클리오는 2019년 전후 가격 통제 문제로 철수했지만, 그 전까지 온라인 매출의 50%가 쿠팡이었다. 쿠팡은 순수 온라인 유통 업체 가운데 직매입 규모가 압도적으로 큰 회사다. 벤더들 입장에서 재고 부담을 유통 업체가 담당하는 대규모 홀세일 매출 방식은 상당히 매력적이다. 현금유동성을 빠르게 확보할 수 있고, 재고 처분에 대한 고민을 덜 수 있으며, 생산 계획을 조율하는 데도 유리하다.

이러한 쿠팡의 바잉 파워는 카테고리를 확대하고 원가율을 낮출 수 있는 근간이 된다. 2019년 이후 영업 손실 폭을 크게 줄이면서 중·장기 흑자 전환 가시성을 높이고 있다.

소비자 입장에서 로켓배송/로켓프레시는 저렴한 비용(로켓와우 2,900원/월)으로 당일 또는 익일 배송을 확정적으로 받을 수 있기 때문에 만족도가 높다. 시장점유율이 높아지고 쿠팡 사용빈도가 커질수록 로켓와우는 '아마존 프라임'과 '월마트 플러스'와 같은 강력한 Lock-In 장치가 될 수 있다.

편리한 사용자 인터페이스는 또 하나의 경쟁력이다. 정교한 알고리즘을 통해 다양한 추천 상품을 적중도 높게 나열하고, 소비자가 원하는 상품을 편리하게 쇼핑할 수 있게 함으로써 구매 빈도를 높이는 기술은 국내 온라인 유통업계 단연 1위라는 평가다. 기존 유통 업체의 경우 회사 핵심 임직원은 매장 MD 출신이나 업계에서 경력이 오래된 물류 전문가였다. 하지만 쿠팡의 경우 임직원의 40%가 개발자라는 사실은 쿠팡의 온라인 유통 업체로서의 정체성을 명확히 대변해 준다.

한편 쿠팡의 가장 큰 과제는 효율적인 물류 시스템 확보다. 공산품 매출 비중이 80% 이상 절대적인 상황에서 다양한 크기와 모양은 자동화를 가로막는 요인이다. 쿠팡의 대표적인 물류 시스템인 랜덤 스토^{Random Stow} 방식은 인공지능을 통해 상품별로 예측된 입출고 시점, 주문 빈도, 물품 특성 등을 종합적으로 고려해 면밀하게 계산된 것이 지만 결국 사람이 하기 때문에 비용 부담이 클 수밖에 없다.

■ 그림 66. 쿠팡의 가장 큰 경쟁력-시간대까지 지정하는 배송 ■

최대 15,000원 할인쿠폰
잘풀리는집 맥스 다용도 키친타올 250
매, 12개입, 1개
와우할인가 | 31% ~~15,900~~
10,870원 🚀로켓배송
(10매당 36원)
내일(화) 6/1 도착 보장
🛒정기배송 가능
새 상품, 박스 훼손 (11) 최저 10,870원
★★★★☆ (6484)
Ⓒ 최대 544원 적립

2020 다우니 퍼퓸 초고농축 섬유유연제
미스티크 본품, 1.05L, 3개
와우할인가 | 20% ~~19,400~~
15,500원 🚀로켓배송
(100ml당 492원)
내일(화) 6/1 도착 보장
🚀로켓와우 내일(화) 새벽 도착 보
장
★★★★★ (3295)
Ⓒ 최대 775원 적립

자료: 쿠팡, 하나금융투자

쿠팡/네이버쇼핑/쓱닷컴의 역학 관계: 긴장과 협력

중·장기적으로 한국 온라인 유통 시장은 3개 그룹이 균형을 이룰 것으로 예상한다. 순수 온라인 유통 사업자로서 쿠팡, 식품 온라인 유통 사업자로서 이마트, 온라인 플랫폼 유통 사업자로서 네이버다. 거래액 규모는 네이버가 가장 클 것이 분명하다. 2020년 약 28조 원 규모다. 다만 네이버는 플랫폼 사업자이기 때문에 이마트와 롯데쇼핑, 현대백화점 등과 공생 관계다. 거래액도 겹치는 경우가 많다. 오히려 순매출 규모는 3사 가운데 가장 작아서 1조 원이 조금 넘는 수준이다.

매출 규모는 쿠팡이 가장 크다. 직매입 비중이 높기 때문이다. 2020년 기준 순매출 규모는 14조 원이 넘고 플랫폼 서비스를 포함한 거래액 기준으로는 22조 원에 이른다. 실질적인 한국 온라인 유통 1위 업체는 쿠팡이다. 이마트는 식품 온라인 유통 시장점유율 1위 업체로 의미가 있다. 쓱닷컴의 거래액은 4조 원도 안 되지만, 식품 온라인 거래액 규모는 2조 원(2020년)으로 국내 식품 온라인 시장점유율 8%로 1위 업체다.

지금까지 세 회사 간의 경쟁과 공생 관계를 생각해 보면 쿠팡과 이마트는 각각 공산품과 식품을 핵심으로 유통하기 때문에 분리된 시장이었다. 식품 카테고리를 두고 경쟁 관계에 있지만 쿠팡은 전술한 바와 같이 공산품이 메인이고 식품은 카테고리 확충과 마케팅 측면이 강하다. 식품 카테고리에서 가격 및 원가, SKU, 신선도 측면에서 이마트를 따라가기 힘들다. 이마트도 마찬가지다. 쓱닷컴 거래액에서 식품 비중이 50% 이상이다. 공산품 가운데 백화점 상품이 절반으로 백화점 상품은 쿠팡과 경쟁 관계라고 보기 어렵다. 쓱닷컴의 공산품 판매 역량은 규모나 SKU 측면에서 쿠팡에 현저히 뒤처진다.

쓱닷컴과 네이버쇼핑은 공생/협력 관계였다. 네이버쇼핑이 성장하기 위해 가장 필요한 부분은 다양한 카테고리 확장이다. 막강한 집객력을 바탕으로 유통 사업을 시작했는데 수많은 고객이 원하는 상품을 모두 갖고 있지 않다면 채널에 대한 고객 충성도는 떨어질 수밖에 없다. 그런 의미에서 식품 온라인 1위 업체로서 쓱닷컴은 네이버쇼핑에 반드시 필요한 핵심 벤더라고 할 수 있다.

2020년 네이버는 최근 급성장하는 식품 온라인 시장에 대응하기 위해 '네이버 장보기'를 선보였지만 이렇다 할 성과를 거두지 못하고 있다. 입점 회사들 상품이 한꺼번에 배송이 안 되는 배송 일원화 문제도 있었지만 입점해 있는 홈플러스와 GS프레쉬 등이 경쟁력 면에서 다소 열위에 있는 업체들이기 때문이다.

쓱닷컴 역시 식품 온라인 절대적 1위 사업자로 등극하기 위해 가장 절실한 것은 고객 접점 확대다. 국내 최대 거래액을 자랑하는 네이버쇼핑은 이를 위한 든든한 우군이 될 수 있다. 네이버 장보기에 쓱닷컴이 입점한다면 두 회사 모두에게 긍정적이라고 평가할 수 있다. 네이버쇼핑의 가장 큰 약점은 물류/배송 인프라 부재인데 쓱닷컴은 이미 풀필먼트 시스템을 효과적으로 운영하고 있는 만큼 사업 파트너로서 최적이라고 할 수 있다. 쓱닷컴도 물류센터 투자를 지속하고 있어 투자비를 경감할 수 있고 새로운 수익 사업이 될 수도 있다.

네이버와 쿠팡은 협력 및 경쟁 관계가 될 수 있다. 쿠팡 역시 고객 접점 확대라는 측면에서 네이버는 중요한 파트너다. 이미 숍인숍으로 입점해 있다. 소비자 입장에서 네이버쇼핑을 통해 국내 최대 온라인 유통 업체 상품도 검색할 수 있다는 점은 네이버쇼핑의 충성도를 높이는 요인이다. 한편 두 회사 모두 대부분 공산품을 판매하며, 네이버쇼핑은 거래액의 40%, 쿠팡은 거래액의 절반이 플랫폼 서비스를 통한 3자 거래에서 창출된다는 점을 감안할 때 겹치는 카테고리와 벤더가 많을 수밖에 없다.

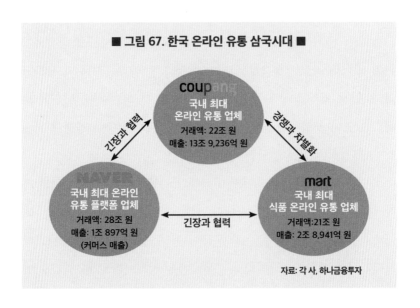

■ 그림 67. 한국 온라인 유통 삼국시대 ■

coupang
국내 최대
온라인 유통 업체
거래액: 22조 원
매출: 13조 9,236억 원

긴장과 협력

경쟁과 차별화

NAVER
국내 최대 온라인
유통 플랫폼 업체
거래액: 28조 원
매출: 1조 897억 원
(커머스 매출)

긴장과 협력

mart
국내 최대
식품 온라인 유통 업체
거래액:21조 원
매출: 2조 8,941억 원

자료: 각 사, 하나금융투자

이마트의 이베이코리아 인수: 판을 흔들다

이마트가 2021년 6월 24일 이베이 미국 본사와 이베이코리아 지분 80.01% 인수를 위한 '지분 양수도 계약(SPA)'을 체결할 예정이라고 공시했다. 인수가액은 약 3조 4천억 원이다.[21] 인수가 완료되면 이마트는 온·오프라인 거래액 기준 37.5조 원(2020년 추정)으로 롯데쇼핑[22]을 제치고 국내 유통 시장 1위 사업자로 올라서게 된다. 온라인 유통 시장에서는 쿠팡에 이어서 실질적인 MS 2위 업체가 된다.[23] 2020년 기준으로 거래액 21조 원, 매출 2.9조 원, 영업이익 630억 원으로 추산한다.[24]

네이버는 이베이코리아 인수 컨소시엄에서 빠졌다. 사실 네이버 입장에서는 이베이코리아 지분을 투자할 이유가 없다. 이미 이베이코리아는 네이버 숍인숍을 통한 거래액이 상당하기 때문에 네이버가 없으면 곤란한 상황이다. 네이버는 지분 투자 없이도 충분히 이베

---

21 이마트가 인수가액 전액을 SPC(에메랄드SPV) 출자하고 PSC가 지분을 인수하는 방식이다. 지분 20%를 남겨 놓아 이베이 본사의 책임 있는 기술 지원 등을 받을 수 있도록 했다. 자금 조달에 큰 무리가 있을 것으로 보이지 않는다. 이마트는 2019년 이후 지속적인 부동산 자산에 대한 세일즈&리스백으로 현금성자산 약 1.3조 원 정도를 갖고 있으며, 가양점 매각대금(6,820억 원)도 곧 들어온다. 삼성생명 지분(5.9%)도 9천억 원이 넘는다. 유형자산이 7조 원(차입금은 2.2조 원)이나 되므로 추가 차입에 어려움은 없을 듯하다.
22 2020년 총매출 21.5조 원
23 네이버는 숍인숍 방식 거래액이 전체 거래액 28조 원 가운데 50%가 넘기 때문에 실질적인 시장점유율은 훨씬 낮다.
24 거래액은 이베이코리아 17조 원 + 쓱닷컴 4조 원, 매출은 이베이코리아 1.6조 원 + 쓱닷컴 1.3조 원, 영업이익은 이베이코리아 1,100억 원 + 쓱닷컴 -470억 원

이코리아로 트래픽을 확보하고 있는 상황이다. 굳이 높은 밸류에이션에 지분 투자까지 할 필요가 없다. 네이버가 필요한 것은 이마트의 식품 카테고리와 3자 거래 벤더들을 Lock-In시키기 위한 물류 인프라다. 쿠팡과 경쟁을 하기 위해서는 물류 인프라가 급선무이고 CJ대한통운과 협업이 속도를 내고 있는 것도 이런 이유다.

쓱닷컴과 이베이코리아는 물론 할인점과 트레이더스 등 온·오프라인 채널 간 시너지까지 효과는 작지 않을 것으로 예상한다. ① 이베이코리아의 270만 스마일클럽 회원을 확보할 수 있게 되어 쓱닷컴은 고객 접점을, 이베이코리아는 국내 최대/양질의 식품 카테고리를 확보할 수 있게 되었다. ② 이베이의 숙련된 IT 전문가를 얻게 돼 온라인 사업의 규모와 성장 속도를 가속화할 수 있게 되었다. ③ 쓱닷컴은 향후 4년간 1조 원 이상 풀필먼트 센터에 집중 투자할 계획인데 이베이코리아의 대량 물량을 확보함으로써 이베이코리아의 배송 경쟁력을 제고하는 동시에 물류센터의 높은 가동률과 투자 효율화를 도모할 수 있게 되었다. ④ 외형 확대와 통합 매입으로 가격경쟁력 제고도 기대된다.

다만 우려가 큰 것도 사실이다. ① 이자비용이 증가하면서 ROE와 ROIC 등 투자지표 훼손이 불가피하다. 물론 중·장기 성장성과 수익성을 제고할 수 있다면 이런 지표들의 단기적인 하락은 큰 문제가 아니다. ② 하지만 국내 온라인 유통 시장은 2021년 그 어느 때보다 치열한 경쟁이 예상되는 만큼 실적 불확실성이 커질 수밖에 없다. 이베이코리아는 2020년 거래액이 정체되면서 시장점유율이 2019년 12%

에서 2020년 10%로 크게 하락했다. 이베이코리아는 공산품을 주 카테고리로 하고 있고, 쿠팡과 완전히 겹친다. 쿠팡의 막강한 자금력과 역마진 MS 확대 기조를 감안하면 이베이코리아의 시장점유율 유지 또는 회복을 위해서는 단기적으로 마케팅비 확대가 불가피하다.

③ 중·장기적으로 배송 인프라 개선을 위한 신규 투자가 얼마나 늘어날지 모른다. 쿠팡의 가장 큰 경쟁력 가운데 하나가 배송이고, 추가적인 배송 인프라 확충을 위해 몇 조 원을 더 투자할지 모르는 상황이다. 상장 후 쿠팡의 자본은 3.5조 원으로 늘었다. 쿠팡의 지난 1분기 영업손실 규모는 3,010억 원으로 전년 동기대비 2,120억 원 손실 폭이 크게 늘었지만, 오히려 주가는 상승 전환했다. 시장점유율이 YoY 6%p나 상승하면서 20%에 근접했기 때문이다. 쿠팡은 올해 막강한 자금력을 기반으로 시장 재편을 도모할 것으로 보인다. 이미 물류센터 신규 투자가 1조 원을 넘겼다는 뉴스가 나오고 있다. 이베이코리아의 부담이 커질 수밖에 없다. 자칫 밑 빠진 독에 물 붓기가 될 수 있다.

사실 쓱닷컴은 쓱 파트너스로 오픈마켓 진출을 선언한 바 있다. 3자 거래가 전체 쓱닷컴 거래액의 20% 수준인데 이를 확대한다는 계획이다. 부정적으로 볼 필요는 없었다. 소비자 입장에서는 식품 위주 장보기 쇼핑을 하면서 다양한 공산품까지 함께 구매/적립할 수 있다는 측면에서 긍정적이고, 쓱닷컴 입장에서는 별도의 큰 인프라 없이 추가적인 수수료 수입을 기대할 수 있다. 아울러 신규 물류센터 투자가 완료될 경우 풀필먼트 서비스를 제공함으로써 새로운 성장 동력으로 작용할 수 있다. 아마존의 경우 막대한 물류 인프라를 기반으로 직매입이 아닌 풀필먼트 서비스만 제공하는 오픈마켓 거래액 비중이 더 높아지고 있음을 상기할 때 타당한 방향이다. 다만 이베이코리아 인수를 통해 쿠팡과 전면전에 나서는 게 부담일 뿐이다. 이마트는 미래 유통 시장에 능동적으로 대응하기 위해 수년 전부터 부동산 자산의 '디지털화'를 병행해 왔다고 한다. 정용진 부회장의 말처럼 이베이코리아를 "얼마가 아니라 얼마짜리로 만들 수 있는지"[25] 지켜볼 일이다.

이번 인수로 국내 온라인 유통 시장은 분명히 새로운 국면을 맞이하게 되었다. 네이버/쿠팡/이마트 세 회사는 각자 고유의 영역을 갖고 있었다. 전술한 바와 같이 쿠팡은 직매입, 네이버는 숍인숍, 이마트는 식품 카테고리에서 차별적인 경쟁력을 보유하고 있다. 지난 10년 동안 이들 세 회사는 온라인 유통 시장 내 각자 고유의 영역에서 투자와 경쟁을 통해 개별적인 역량을 강화했고, 막강한 사업자가 되었다. 오픈마켓 3자 거래 시장은 진입장벽이 너무 낮아 진입도 쉽지만 시장점유율 유지가 어려운 만큼 이들 빅3 업체들에게는 우선순위가 아니었다.

최근 네이버와 쿠팡이 3자 거래 유통을 두고 경쟁 관계에 있었다. 네이버는 CJ대한통운과 협력을 강화하면서 풀필먼트 서비스를 확대했고, 쿠팡은 막강한 배송 인프라를 활용한 제트배송(로켓제휴)을 통해 직매입 제품과 동일한 배송 서비스를 3자 벤더들에게 제공하고

25 머니투데이, 2021.6.24.

있다. 쿠팡의 알고리즘이 필요한 재고를 예측해 판매자에게 데이터를 제공하면 판매자가 쿠팡의 로켓 물류센터에 상품을 입고시키고 쿠팡이 배송하는 형식이다.

네이버와 이마트는 지금까지 협력 관계였다. 네이버는 3자 거래 유통 확대를 위해 배송 인프라가 필요했고, 쓱닷컴 물류 인프라 투자에 관심이 많았다. 이마트 입장에서 식품 온라인 고객 확대를 위해 네이버는 좋은 파트너였다. 쿠팡과 이마트는 공산품과 식품의 차별화된 시장의 플레이어였다. 하지만 이런 구도가 크게 흔들리게 되었다. 이베이코리아 인수로 3자 거래 유통 시장에 출사표를 던지면서 이마트는 쿠팡은 물론 네이버와도 경쟁이 불가피하게 되었다.

쓱닷컴의 물류 인프라는 이제 이베이코리아가 우선일 것이다. 고객과 접점 확대는 이베이코리아 정도면 족할 수 있다. 이마트 입장에서는 네이버의 필요성이 다소 떨어지게 되었다. 온라인 유통 시장의 대부분을 차지하는 3자 거래 유통을 가운데 두고 빅 3가 전면전을 펼치게 된 것이다.

중소형 온라인 유통 업체의 위축은 불가피

온라인 유통 시장 규모는 2020년 YoY 17% 성장한 159조 원, 2021년 YoY 14% 성장한 182조 원 수준으로 추정한다. 최근 국내 온라인 유통 시장은 여전히 경쟁이 심하지만 어느 정도 교통정리가 되는 모습이다. 네이버와 쿠팡의 약진이 두드러지고 있는데, 두 회사의 거래액은 2020년 각각 28조 원과 22조 원으로 전년 대비 30% 이상 성장한 것으로 추산한다.

식품 온라인 카테고리에서는 쓱닷컴의 성장률이 눈에 띈다. 상대적으로 전통적인 오픈마켓 업체인 11번가/위메프/티몬의 성장률이 떨어지는 모습이다. 네이버, 쿠팡, 쓱닷컴의 규모가 커지면서 상호 경쟁 심화가 예상되지만, 세 회사가 한국 온라인 유통 시장 선두에 설 것임은 분명해 보인다.

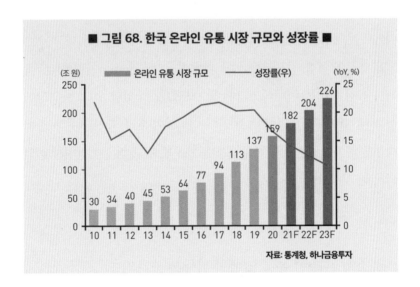

■ 그림 68. 한국 온라인 유통 시장 규모와 성장률 ■

자료: 통계청, 하나금융투자

세 회사가 차별적인 인프라와 카테고리를 갖고 삼국시대를 열어가면 빠르게 시장 재편이 될 가능성이 크다. 한곳으로 시장점유율이 몰리기 시작하면 집중도는 가속도가 붙게 된다. 홈쇼핑이나 백화점,

하이마트와 같이 기존 TV 홈쇼핑과 오프라인 채널에서 확고한 시장 지위와 캐시카우를 갖고 있는 업체들은 사업을 지속할 수 있을 것이다. 어차피 온라인 유통 채널은 고객 접점 확대를 위한 도구적 측면이 강했기 때문이다. 도서/애견/반찬/스포츠 등 특정 카테고리에 특화된 온라인 유통 업체들은 틈새시장으로서 의미가 있을 것이다.

반면에 위메프/티몬 등 다른 사업 기반이 없는 순수 온라인 유통 업체들은 점점 입지가 약화될 가능성이 크다. 열악한 재무 구조를 극복할 수 있는 방법이 마땅치 않다. 역마진 전략은 의미가 없어졌고, 쿠팡의 막강한 배송 인프라와 5조 원의 신규 투자 확대는 이 업체들의 경쟁력을 약화시키는 요인이다.

중소형 온라인 유통 업체들의 기업가치를 논하기 위해서는 2가지 조건 가운데 하나는 만족해야 한다.

첫째, 수익을 낼 수 있는 사업 구조다. 온라인 유통 시장에서 수익을 내려면 완전경쟁시장 조건을 깨야 한다. '진입 탈퇴의 자유'와 '가격 정보의 공유'는 온라인 유통 시장의 기본적인 특징이기 때문에 어쩔 수 없다. '거래 상품의 동질성'을 극복한 차별적 카테고리는 가능하다. 식품 온라인 유통이 대표적이다. 위메프와 티몬 등 업체들이 어떤 특별한 카테고리 또는 Lock In 시스템을 갖고 수익을 창출할 수 있는 구조인지 살펴보면 딱히 답은 나오지 않는다.

여기서 말하는 수익은 영업이익 몇 백억 원이 아니다. 시가총액 3~4조 원을 정당화시킬 수 있는 영업이익이다. 외형적인 성장은 크지 않지만 지속적으로 이익과 현금을 창출하고 있는 유통 업체들은

PER 10배 내외 밸류에이션을 적용받는다. 시가총액 3~4조 원이라면 연간 5천억 원 내외 영업이익을 낼 수 있어야 한다. 국내 온라인 유통 회사 가운데 그런 기업은 없다.

둘째, M&A 가치다. 수익을 못 내더라도 중·장기적으로 수익을 창출할 수 있다면 M&A 가치가 있다. 2가지 경우가 나올 수 있다.

① 차별적인 카테고리와 소싱 네트워크를 갖고 있다면 보편적인 카테고리를 대규모로 유통하는 메이저 온라인 유통 업체들에게 의미가 있을 수 있다. 아마존이 홀푸드 마켓을 인수하고, 알리바바가 RT마트를 인수한 것은 식품 온라인 시장 진출을 위한 포석이었다. 식품에 경쟁력이 높은 월마트는 2017년 온라인 채널에 강점이 있는 남성 의류 업체 보노보스를 인수한 바 있다.

② 인수 회사가 이 업체들의 단점, 예를 들면 배송 경쟁력을 보완해 줄 수 있는 업체라면 시너지를 기대할 수 있다. 위메프와 티몬의 시장점유율이 5% 내외이므로 거래액 측면에서 무시할 만한 수준은 아니다. 시정점유율이 하락하고 있는 게 문제인데, 인수 회사가 단점을 보완하면서 시장점유율을 상승시킬 수 있다면 의미 있는 M&A 가치가 형성될 수 있다. 사실 이 관점에서 가장 바람직한 인수 회사는 물류 인프라가 막강한 쿠팡이었다. 하지만 쿠팡 입장에서 티몬과 위메프를 밸류에이션 프리미엄까지 부여하면서 인수할 이유가 없을 뿐이다.

여기서 한 가지 나올 수 있는 조합은 투자가치를 고려한 합종연횡이다. 즉 중장기 펀더멘털은 둘째로 하고, 상장만을 염두에 둔다면 쓱닷컴+이베이코리아, 11번가+(위메프/티몬)+홈플러스 조합은 매력적이다. 전자의 경우 ① 대형마트를 기반으로 두고 있고, ② 식품 온라인 시장에서 높은 경쟁력을 갖고 있는 MS 1위 업체이며, ③ 이베이코리아 인수로 온라인 유통 실질적 시장점유율 2위 업체가 되었다.

11번가와 홈플러스가 연합하고, 위메프와 티몬 가운데 하나가 추가된다면 온라인 유통 시장점유율 15%의 대형마트까지 보유한 대형 온라인 유통 업체가 탄생할 수 있다. 쓱닷컴+이베이코리아 못지않은 매력적인 사업 구조다. 11번가와 홈플러스의 대주주 SKT와 MBK 모두 이들 계열사의 투자가치를 제고하는 게 목표라면 합병 등의 과정을 거쳐 높은 밸류에이션에 상장을 도모할 수 있다.[26]

다만 높은 밸류에이션을 지속하기 위해서는 쿠팡과 경쟁에서 밀리지 않고, 시장점유율이 상승하며, 수익성도 개선된다는 가정이 전제되어야 하기 때문에 중·장기 실질적인 불확실성은 바뀌지 않는다.

마켓컬리: 새벽배송은 마케팅이다

마켓컬리의 향후 전망, 기업가치에 대해 생각해 보자. 먼저, 수익을 낼 수 있는 구조인가라는 점이다. 구조적으로 새벽배송은 수익을

---

[26] SKT와 MBK 등 대주주가 각각의 지분을 현물출자하여 홀딩스를 세우고 홀딩스에 대해 대주주들이 30~40%씩 지분을 보유한 후 상장하는 전략이 유력할 수 있다.

내기 어려운 사업이다. 콜드체인과 CA저장고가 구비돼 있고, 신선식품에 대한 막강한 바잉 파워를 자랑하는 이마트도 새벽배송은 일반 시간대 대비 3%p 영업이익률이 낮다. 지금도 역마진이지만, 이마트몰이 정상 영업이익률 3~4% 구간으로 들어간다고 해도 새벽배송은 BEP다. 소싱과 물류 인프라가 상대적으로 열위에 있는 마켓컬리의 영업이익률은 더 낮을 수밖에 없다.

마켓컬리의 손익계산서를 보면 2020년 매출과 매출원가가 각각 9,530억 원과 7,840억 원이다. 원가율이 82%로 이마트(75%)보다 훨씬 높다. 판관비율이 조금씩 낮아지고 있지만 역시 30%로 이마트(25%)보다 높다. 2020년 영업 손실 규모는 1,160억 원으로 2019년 대비 150억 원 더 적자가 났다. 쿠팡과 달리 영업적자 폭이 커지면서 실적 방향성은 여전히 불확실하다. 80% 이상 높은 원가율을 어떻게 낮추느냐가 핵심이다. 상품 소싱 원가도 문제지만 배송비 부담 극복이 큰 관건이다. 더구나 쿠팡과 달리 지입차 방식의 외주를 주는 상황으로 매출 증가에 따른 영업 레버리지를 기대하기도 쉽지 않다.

마켓컬리는 수익성 개선 작업으로 폐기율을 낮추는 데 진력하고 있다. 일반적으로 대형마트의 폐기율이 2~3% 수준인데 마켓컬리는 1%라고 한다. 기술 개발에 의한 효율화다. 장기간 재고 보유를 위한 물류 인프라가 제한적인 마켓컬리는 신선식품 재고를 쌓아 두지 않는 물류 시스템을 구축하기 위해 IT 역량을 제고했다. 마켓컬리의 물류창고 사무실에서는 인공지능이 주문 건수, 매출 등을 실시간으로 예측해 주고 이에 따라 집하 시간, 발주량, 기사 배치부터 어떤 제품을 할인하면 좋을지까지 조언한다. 제한된 인프라에서 매출을 극대화하기 위해 배송차의 동선을 최적화했다. 동선에 따라 제품 하차가 쉽도록 상차 시에 먼저 배송할 곳의 물건을 나중에 싣는다.

폐기율 하락에는 발주량 제한 영향도 있었을 것으로 보인다. 마켓컬리의 신선식품은 11시까지 주문 마감인데, 이미 저녁 시간대가 되면 인기 상품은 대부분 조기 품절 표시가 뜬다. 팜투테이블Farm to Table 이라는 개념으로 농장에서 고객에게까지 24시간 안에 전달하는 프로세스를 추구하기 때문에 물량이 한정적일 수밖에 없다. 고객에게 최대한 신선한 상품을 전달하기 위한 전략이라고 하지만 장기간 저장할 수 있는 인프라가 없는 만큼 매출 규모에도 한계가 있다.

당장 수익을 낼 수 없다면 M&A 가치는 있을까? 완전자본잠식 상태에 있으므로 자산가치를 논하기는 어렵다. 그럼 사업가치가 있어야 한다. 사업가치는 전술한 바와 같이 현재 현금을 창출하고 있거나 미래 수익가치를 내재하고 있느냐의 문제다. 마켓컬리는 여전히 매출 증가와 함께 영업적자가 늘어나는 상황이다. 높은 고정비 부담을 감안하면 당분간 영업 손실이 지속될 가능성이 크다. 단기적으로 현금 창출은 어려운 상황이다. 그럼 중·장기 수익 창출은 가능할까?

마켓컬리의 제품 소싱은 일반 대형마트와 크게 다르지 않다. 마켓컬리의 가장 큰 차별화는 새벽배송인데, 새벽배송은 사실 마케팅 성격이 강하다. 신선식품을 장기간 저장해 놓을 수 있는 인프라가 부족한 상태에서는 재고를 짧게 가져가야 한다. 즉 어차피 상품이 상하기 전에 빨리 판매/배송해야 하는 상황인데, 이 핸디캡을 오히려 '새벽

배송'이라는 마케팅으로 탈바꿈시킨 것이다.

사실 유통 대기업들이 마음만 먹으면 할 수 있는 사업이다. 쿠팡은 이미 '쿠팡와우'로, 이마트도 '쓱배송 굿모닝' 서비스를 시작했다. 식품 온라인의 진입장벽은 소싱 네트워크와 물류 인프라이지 '배송 시간'이 아니다. 이마트가 마켓컬리를 인수하지 않은 이유도 여기에 있지 않을까? 이마트가 마음만 먹으면 할 수 있는 사업을 굳이 높은 프리미엄을 주고 인수할 필요가 없었던 것이다. 쓱닷컴이 네오센터를 통해 처리하는 물량이 하루 약 8만 건인데 이중 2만 건가량이 새벽배송으로 이루어지고 있다. 결국 마켓컬리의 매출 규모가 충분히 커져서 흑자전환하더라도 PSR 멀티플 방식의 높은 밸류에이션을 적용하기는 쉽지 않아 보인다. 실질적인 진입장벽이 높아 보이지 않기 때문이다. 마켓컬리는 차별적인 '상품'이 아니라 차별적인 '시간대'를 팔고 있다고 평가할 수 있다.

마켓컬리는 3가지 과제를 안고 있다.

첫째, 물류 인프라의 한계를 어떻게 극복하고 사업 규모를 확대할 수 있을 것인가이다. 2021년 3월 오픈한 국내 최대 신선 물류센터라고 하는 김포 물류센터가 어떤 의미 있는 역할을 할지 주목할 필요가 있다.

둘째, 고정비 부담 완화다. 최소한 영업 손실 폭을 줄여야 한다. 그래야 실적 추정이 가능하다. 언제 BEP에 도달할 수 있을지 가시성을 보여야 한다. 아무리 외형 성장이 좋아도 영업 손실이 증가하면 밑 빠진 독에 물 붓기로 보일 수 있다.

(단위: 십억 원)

구분	2016	2017	2018	2019	2020
매출	17.4	46.6	157.1	426.0	953.1
서비스/기타	0.5	0.9	1.0		
상품	16.8	45.6	156.1		
매출원가	13.4	33.9	114.4	356.1	783.7
상품	13.4	33.9	114.4	323.7	
판관비	12.8	25.0	76.4	171.1	285.6
인건비	3.1	5.0	8.4	20.4	64.2
운반 및 임차료	4.9	8.5	20.0	14.6	12.6
광고선전비(판촉비 포함)	0.6	2.4	14.8	35.2	29.7
영업이익	(8.8)	(12.4)	(33.7)	(101.3)	(116.3)
세전이익	(14.1)	(12.6)	(35.0)	(241.5)	(222.4)
당기순이익	(14.1)	(12.6)	(35.0)	(241.5)	(222.4)
유동자산	8.5	6.3	46.3	115.3	223.1
현금성자산	6.6	1.1	31.1	73.5	149.2
매출채권	0.1	0.1	0.1	0.2	0.4
재고자산	1.0	2.4	7.1	25.0	36.3
비유동자산	3.7	4.5	12.6	160.3	363.9
유동부채	2.7	8.3	27.0	486.0	853.4
매입채무	1.8	4.7	18.6	51.9	104.7
미지급금	0.8	2.1	7.2	14.8	23.3
비유동부채	3.1	3.7	1.4	109.6	265.6
자본총계	6.4	(1.3)	30.4	320.0	531.9
영업활동현금흐름	(9.0)	(10.8)	(22.6)	(69.5)	(58.7)
투자활동현금흐름	2.8	(1.5)	(9.7)	(26.6)	(53.5)
재무활동현금흐름	13.5	6.8	62.3	136.2	187.1

자료: 마켓컬리, 하나금융투자

셋째, 차별적인 상품 경쟁력이다. 이마트와 쿠팡이 제공할 수 없는 상품을 제시하면서 고객 로열티를 확보해야 한다. 어차피 BEP 이상 도달하더라도 차별적인 상품 카테고리가 아니라면 높은 밸류에이선을 적용하기 어렵다.

사실 마켓컬리를 비롯한 새벽배송 시장은 온라인 유통 시장 재편 후 시장 규모가 축소될 가능성이 높다. 온라인 유통 시장에서 공격적인 외형 확대와 M&A 국면이 마무리되고 마케팅 경쟁이 완화되면 기업 입장에서 새벽배송 의미는 상당히 퇴색할 수밖에 없다. 구조적인 수익성 문제 때문이다. 따라서 소비자들은 이전과 같은 새벽배송 서비스를 받기 원한다면 그에 합당한 요금을 더 지불해야 할 것이다. 수요와 공급이 위축될 수밖에 없다.

롯데온: 공성보다는 수성 전략

롯데쇼핑은 누가 뭐라고 해도 국내 최대 유통회사다. 생산에서 물류, 판매까지 모든 밸류체인과 유통 채널을 다 갖추고 있다. 그래서 롯데온에 거는 기대도 크고, 경쟁사 입장에서는 우려도 있다. 결론부터 말하면 외연을 확장하기에는 한계가 있다는 판단이다. 온라인 유통 시장에서 트래픽을 유도하기 위해서는 4가지 중 하나 이상을 확보해야 한다.

첫째, 상품의 다양성이다. 쿠팡은 500만 개 상품을 보유하고 온라인 쇼핑 포털 사이트로 자리매김하기 위해 분투하고 있다. 11번가나 G마켓도 마찬가지다. 롯데온은 백화점과 마트/슈퍼/롭스와 하이마트/홈쇼핑을 한데 모았지만, 그렇다고 쿠팡의 SKU를 따라가기는 어럽다.

둘째, 가격 경쟁력이다. 온라인 유통의 핵심 경쟁력은 무엇보다 가격이다. 네이버쇼핑이 가격 비교를 통해 막대한 트래픽을 유입시켰다는 점을 상기할 필요가 있다. 롯데온은 최저가를 내세우고 있지는 않다.

셋째, 차별적 상품 카테고리다. 쓱닷컴과 마켓컬리는 식품 온라인을 주 무기로 소비자들에게 어필하고 있다. 특히 신선식품은 장보기 쇼핑으로 반복적인 트래픽을 유도할 수 있기 때문에 의미가 있다. 롯데온은 이 카테고리 경쟁력 측면에서는 절반의 승리가 예상된다. 백화점은 쿠팡이나 11번가에서 제공할 수 없는 프리미엄 상품 카테고리를 보유하고 있다. 면세점도 마찬가지다. 롯데프레시도 의미가 있다. 하지만 롯데프레시는 아무래도 쓱닷컴에 비교해 열위에 있고, 백화점이나 면세점 카테고리는 일회성이 강하다.

넷째, 배송 경쟁력이다. 롯데온은 롯데그룹이 보유한 전국 1.5만 개 오프라인 매장과 연동한 옴니채널 전략을 구체화할 계획이다. 핵심 인프라는 세븐일레븐이 될 가능성이 크다. 이는 일본 세븐아이홀딩스가 시행한 바 있는 전략이기도 하다. 그룹사 간 시너지를 충분히 기대할 수도 있다고 본다. 하지만 이미 쿠팡 등 여러 경쟁 업체가 당일/익일 배송 인프라를 확보한 상황에서 얼마나 소비자에게 어필할 수 있을지는 의문이다.

결국 롯데온은 추가적인 고객을 끌어들여 시장점유율을 확대하기에는 한계가 있어 보인다. 상품 믹스와 가격, 차별적 카테고리, 배송 경쟁력 측면에서 우위를 갖기에는 역부족이다. 다만 기존 롯데쇼핑 고객을 Lock-In하는 데는 일정한 역할을 할 것으로 기대한다. 롯데온은 롯데쇼핑의 공성(功城)이라기보다 수성(守城) 전략으로 의미가 있어 보인다.

소비자 후생의 필연적 감소

2013년 이후 온라인 유통 시장 주도권을 잡기 위한 치열한 경쟁이 가격 인하와 배송 서비스 확대로 이어지고 있다. 소비 밸류체인에서 가장 수혜가 큰 경제주체는 소비자다. 소비자들은 배송의 편리함을 누리면서 가격도 오프라인보다 싸게 구매할 수 있다. 온라인 유통 업체들의 영업 손실은 고스란히 소비자들의 후생 증가분이라고 볼 수 있다.

온라인 유통 시장 재편이 마무리되면 쿠팡은 수익성 개선 작업을 시작할 가능성이 크다. 투자회수를 위해서다. 역마진 구조를 벗어나기 위해 상품 판매 가격을 정상화시킬 수 있다. 프로모션이 줄어들 것이고, 무료 배송은 힘들어질 수 있다. 코스트코나 아마존처럼 프리미엄 회원제 형태로 회비를 통해 수익을 상당히 보전할 수도 있다. 당연히 소비자들의 후생은 감소할 수밖에 없다. 1만 원도 안 되는 우유와 샐러드를 10시 이전에 주문하면 아침 7시까지 무료로 배송해주는 서비스를 다시 보기 어려울 것이다.

한때 영화나 게임, 음악 등 콘텐츠들 무료 다운로드하는 게 당연하던 시기가 있었다. 하지만 이제는 넷플릭스와 멜론 서비스를 통해 돈 내고 소비한다는 인식이 보편화되었다. 배송 서비스도 마찬가지다. 소비자들도 향후 배송 서비스 가격 인상에 대해 마음의 준비를 해야 할 것이다. 이미 단위 부피당 250원 택배비 인상이 눈앞으로 다가왔다. 무료 배송은 거의 없어질 것이다. 추가적인 배송 인프라가 필요한 신선식품은 공산품보다 배송료가 더 높을 것이다. 당일 또는 새벽 배송은 별도의 추가 요금이 부과될 가능성이 크다. 그게 정상 가격이다. 그래야 온라인 유통 업체들의 수익 구조가 최소한 BEP를 달성할 수 있다.

한편 최근 택배비 인상은 쿠팡 경쟁력 제고에 긍정적이다. 국내 택배업계 점유율 1위 CJ대한통운이 택배비 인상을 단행했다. 소형 상자(세 변의 합 80cm, 무게 2kg 이하) 기준으로 택배 요금이 기존 1,600원에서 1,850원으로 250원 인상된다. 과로사 방지 대책으로 매년 1천억 원 이상 비용이 소요되기 때문이지만 CJ대한통운으로서는 제반 비용을 판매자나 소비자에 전가할 수 있다는 측면에서 긍정적이다.

이런 택배비 인상이 추세적으로 나타날 경우 배송을 내재화한 쿠팡 같은 업체와 외주를 맡기고 있는 대부분의 온라인 유통 업체 간에 희비가 엇갈릴 수 있다. 쿠팡 입장에서 배송비는 고정비지만, 쓱닷컴을 비롯한 대부분의 업체는 변동비 성격이 강하기 때문이다. 그동안 국내 온라인 유통 업체들은 잘 발달된 택배 시장 인프라 때문에 배송을 내재화하는 것보다 전문 택배 업체들에게 외주를 맡기는 것이 비용 측면에서 효율적이었다. 처음부터 물류/배송을 내재화한 쿠팡의 경우 2018년 판관비 1.3조 원 가운데 1조 원이 인건비였고, 그중 많은 부분이 물류센터와 쿠팡맨 등 물류/배송 관련 인력에 지급된 것으로 파악되고 있다.

그런데 이렇게 택배비 인상이 지속될 경우 ① 쓱닷컴, 롯데마트, 홈쇼핑 3사와 G마켓(스마일배송) 등 별도의 자사 물류센터를 두고 3~5개 메이저 택배 업체와 일정 계약을 통해 배송을 진행했던 업체들은 판관비 부담이 커질 수 있다. ② 11번가와 티몬, 위메프, 네이버 등 오픈마켓 성격의 업체들은 배송을 판매자가 담당하기 때문에 직접적인 연관은 없지만 판매가 인상으로 전가될 가능성이 크기 때문에 쿠팡 대비 가격 경쟁력이 떨어지게 될 수 있다. 반면에 물류/배송을 내재화한 쿠팡의 입장은 다르다. 2020년 쿠팡 영업 손실이 5,500억 원으로 크게 낮아졌는데, 매출은 95%나 늘었지만 판관비는 50% 증가에 그치면서 영업 레버리지가 발생했기 때문이다. 실제로 물류/배송 인당 매출은 2020년 3억 4,800만 원(매출/4만 명)으로 전년 대비 46%나 증가했다.

이마트 물류센터는 안전할까?

　2020년 쿠팡 부천 물류센터에서 코로나19 확진자가 100명 이상 발생하면서 온라인 유통 업체 물류센터에 관심이 커졌다. 어떤 이는 "코로나19 때문에 어쩔 수 없이 온라인 배송을 주문해야 하는데, 온라인 배송을 확대하면 또 코로나19가 확산하는 진퇴양난이다."라고 푸념하기도 했다. 하지만 실제로는 조금 다르다.

　쿠팡과 마켓컬리, 이마트는 각기 다른 상품과 매출 구조, 사업 환경에 따라 다른 물류 시스템을 구축했다. 물류센터는 상품 이동 경로에 따라 집하 → 풀기Unpacking → 분류 → 보관 → 집품Picking → 포장Packing → 출하로 이루어지게 된다. 이 가운데 재고로 들어온 상품의 포장을 푸는 과정에는 많은 사람이 필요하다. 이건 세 회사가 모두 동일하다. 출하 역시 물류센터에서 택배 차량으로 포장된 상품이 실리는 과정이기 때문에 유사하다. 차이점은 분류에서 집품, 포장 단계다.

쿠팡: 랜덤 스토 방식, 공산품 한계

쿠팡의 SKU는 500만 개가 넘고, 하루 300만 개 이상 상품을 출고한다. 포장 단위 출고량으로는 75만 개 정도로 추산한다. 공산품이 80% 이상 차지한다. SKU가 많고 크기가 다양하기 때문에 물류 시스템을 규격화하는 것이 대단히 힘들다. 입고와 분류/집품/포장 등에 많은 인력이 필요하다. 쿠팡 물류센터 아르바이트가 유난히 많은 것도 이 때문이다. DPS 시스템을 구축하기 어렵다. 쿠팡이 소개하는 집품 방식인 랜덤 스토 방식 역시 사람이 돌아다니면서 상품을 집는 방식이다. 부천 물류센터에는 1,600명이 일하고 있다고 한다.

SKU 500만 개 가운데 식품은 12만 개, 신선식품은 8,200개에 불과하다. 여기서 2,400개 신선식품만이 로켓프레시(로켓와우 전용)로 배송되는 것으로 알려져 있다.[27] 일부 신선식품은 쿠팡의 직매입 상품이 아니기 때문에 물류센터를 거치지 않고 별도의 판매자가 소비자에게 직접 발송한다. 쿠팡은 판매중개 역할만 하고 판매수수료를 매출로 인식한다. 실제 신선식품 직매입과 재고 출하는 2,400개 SKU에

---

27 한국경제신문, 2019. 2. 7.

한해서 이루어진다고 볼 수 있다.

이들 제품은 거의 입고되자마자 그 다음날 아침 7시에 소비자에게 바로 배송되기 때문에 별도의 신선식품 전용 물류센터가 필요 없다. 상온 차량으로 배송하기 때문에 이 과정에서 신선도가 훼손되는 것을 예방하기 위해 드라이아이스와 아이스팩 등 냉동/냉장제를 많이 넣는다. 과잉 포장이라고 비판을 받기도 하는 대목인데, 어쩔 수 없는 쿠팡의 현실이다.

쿠팡은 신선식품을 위한 별도의 콜드체인Cold Chain 시스템이 없다. 콜드체인은 돈이 많이 든다. 창고(방열, 바닥미장, 전기공사 등)와 차량(온도기록계, 냉동기, 칸막이 등) 설비 개조 및 구축에 많은 비용이 들어간다. 쿠팡은 뉴욕증권거래소 상장으로 약 5조 원의 자본을 확충한 후 2021년에만 창원, 완주, 청주 3곳의 물류센터에 약 8,000억 원을 투자한다고 발표했다. 콜드체인 물류망으로 알려져 있다.

마켓컬리: DAS, 새벽배송의 제약

마켓컬리의 SKU는 2019년 1만 개에서 2021년 3만 개까지 늘어났다.[28] 연간 포장 단위 출고량은 2019년 2,300만 개, 일평균 6.3만 개에서 2020년 9만 개까지 증가했다.[29] 2021년 김포 물류센터까지 가

---

28 이데일리, 2021. 4. 21.
29 에너지경제, 2021. 2. 21.

동하면 18만 개 수준으로 늘어날 것이라고 한다.[30] 물류센터에는 장바구니가 많다. 이건 이마트몰도 마찬가지인데, 대체로 식품은 크기가 일정하고 작기 때문이다. 마켓컬리의 식품 매출 비중은 80%다.

신선도를 유지하면서 배송하는 것이 핵심 경쟁력이기 때문에 물류센터와 차량이 모두 콜드체인 시스템을 갖추고 있다. 마켓컬리의 배송을 수행하는 700대(2020년 6월 기준) 지입차량이 모두 냉장탑차로 알려져 있다. 그래서 마켓컬리 박스에는 상대적으로 냉동/냉장제가 덜 들어간다. 마켓컬리는 산지에서 수확하는 순간부터 저온으로 관리하는 '풀Full 콜드체인'을 자랑한다.

쿠팡 대비 크기와 종류가 훨씬 작고 일정한데도 불구하고 마켓컬리 물류센터 역시 자동화와는 거리가 있다. 마켓컬리의 집품 시스템인 DAS Digital Assorting System는 총량 피킹Bath Picking이라고 불리는데, DPS가 상품을 품목별로 하나하나 출고시킨다면 DAS는 각각 품목을 당일 주문 총 수량만큼 박스에 담아 낸 후 배분/포장/출고하는 방식이다. 신규 김포 물류센터는 일부 자동화했는데 상품을 이동하고 분류하는 작업 동선을 최소화하고 작업을 단순화하는 QPS Quick Picking System를 도입했다. 분류 담당자 자리로 상품이 바로 이동해 올 수 있는 컨베이어를 설치한 것이다.

마켓컬리가 DPS가 아닌 DAS/QPS 방식을 사용한 이유는 2가지다.

첫째, 새벽배송 마감 시간인 오후 11시 즈음 대부분 주문이 몰려

---

30 매일경제, 2021. 3. 2.

들기 때문이다. 집품은 여러 사람이 한꺼번에 진행하는데, 이게 하루 종일 속도가 일정한 DPS 시스템보다 효율적이라는 설명이다. 이런 제한적 수준의 자동화는 결국 매출 규모의 한계로 작용한다. 새벽배송을 위하여 규모의 경제를 위한 효율성/자동화를 포기한 것으로 해석할 수 있다.

둘째, 벤처 기업으로 시작했기 때문이다. 이마트의 DPS, 풀필먼트 센터를 구축하는 데 한 사이트당 1,000억 원 내외 Capex가 소요됐다. 마켓컬리 설립 초기 오카도의 그리드Grid 로봇 시스템을 수입하려다가 너무 비싸서 DAS로 결정했다고 한다.[31] 신규 김포 물류센터 Capex는 300억 원 규모로 알려졌는데, 이마트의 네오센터에 비하면 1/4 수준이다.

쓱닷컴: DPS, 자동화로 인력 최소화

쓱닷컴 김포 물류센터 SKU는 2만 개(이마트 전체 SKU는 약 6만 개)인데 식품 비중이 80%다. 마켓컬리와 유사하게 종류, 크기, 모양이 한정돼 있다. 김포 제2물류센터가 완공되면서 하루 배송 물량은 5~6만 건(PP센터를 합치면 하루 12만 건)으로 늘었다. 사이트별로 500명 내외 고정인력이 투입돼 있으며, 쿠팡과 달리 아르바이트 인력은 거의 없다.

---

31 엄지용, Byline Network, 2019. 4. 29.

쿠팡/마켓컬리와 차이점은 2가지다.

첫째, 이마트몰은 CA저장고를 갖고 있기 때문에 대량의 재고를 신선도를 유지하면서 장기간 보유할 수 있다. 청과류는 6개월까지 가능하다. 이를 통해 수확기/풍작기에 대량을 저가로 매입한 후 비계절/흉작기에 고가로 판매하여 추가적인 마진을 취할 수 있다. 안정적인 수량 확보와 조절이 가능하며, 계절과 상관없이 상품을 구비할 수 있다. 정기배송도 가능하다. 쿠팡도 정기배송 카테고리가 있지만 신선식품은 없다.

둘째, 이마트몰 김포 물류센터에서는 '풀기' 이후는 완전 자동화다. 320여 대의 고속 셔틀과 16대 대형 크레인이 개별 상품 재고가 담겨 있는 8만 개의 셀Cell을 관리한다. 마켓컬리와 쿠팡의 경우 작업자가 물류센터를 돌아다니면서 물건을 '집품'하는 반면, 이마트몰의 물류센터는 작업자가 고정된 자리에 위치해 있으면 자동화 장비가 상품을 작업자에게 가져다주는 방식Goods-to-Person이다. 쿠팡이나 마켓컬리와 달리 '풀기' 이후 '분류'에서 '포장'까지 인력이 거의 필요 없다.

물론 지금도 이마트 오프라인 할인점의 PP센터에는 피커Picker들이 매장에 가서 고객 주문 건을 일일이 '집품'해서 장바구니에 담아 '포장'하고 있다. 하지만 PP센터는 오프라인 할인점의 일정 공간을 활용하여 한정된 인력으로 인근 지역만 서비스하고 있기 때문에 대형 물류센터와는 거리가 멀다. 한 번에 들어오는 고객 주문의 상품 수가 평균 15개다. 한 사람당 하루에 처리하는 건수가 평균 15건, 숙달된 피커일지라도 하루 평균 20여 건의 주문을 처리하는 수준이다. 김포 물류센터는 DPS 자동화를 통해 과거 대비 주문 처리 효율이 50배 이상 늘어났고, 이를 통해 GPM을 1.5%p 개선시켰다고 한다.

오카도: 그리드 로봇, 현존하는 가장 효율적인 시스템

글로벌 최대 식품 온라인 유통회사 오카도의 시스템을 참고할 필요가 있다. 오카도의 SKU는 49,000개로 축구장만 한 규모의 바둑판처럼 생긴 수많은 셀 위를 수천 대의 자동 로봇이 오가면서 상품을 들어올렸다 내렸다 하며 이송한다. 오카도의 물류 원리는 마켓컬리와 유사하다. 오카도 역시 신선식품은 입고된 후 5시간 안에 출고하는 것을 원칙으로 하고 있다. 하지만 시스템은 완전 자동화돼 있다.

오카도는 현존하는 DPS 시스템 가운데 가장 효율적인 시스템을 갖추고 있다. 오카도는 IT 기업으로 불리기도 하는데 로봇을 이용한 DPS 시스템, '그리드 로봇'을 개발하여 CFC^{Customer Fulfillment Center}라는 물류센터를 운영하고 있다. 1개 사이트 당일 발송 건수가 4.2만 건으로 압도적으로 높다. 장기간 신선식품을 보관해 둘 수 있는 인프라가 없는 대신 턴오버를 굉장히 빠르게 하면서 매출 규모를 올리고 있다. 차별적 기술력으로 프랑스의 카지노, 캐나다의 소베이, 미국의 크로거 등 유통 회사들과 기술제휴 계약을 맺으면서 시스템 판매를 통한 매출 비중이 8%까지 상승했다.

상대적으로 SKU가 적고 주문이 11시에 몰리는 마켓컬리의 경우 이러한 '집품' 자동화 시스템을 구축하는 것이 오히려 비효율적일 수 있다. 쿠팡의 공산품은 더욱 자동화가 어렵다. 식품 배송은 장바구니 배송이다. 거기에 무, 배추, 쌀, 간장, 설탕, 당근 등이 다 들어간다. 식품 온라인 풀필먼트 시스템은 물류를 규격화할 수 있기 때문에 오카도의 로봇 시스템이나 이마트의 DPS 시스템이 가능한 것이다. 쿠팡과 같은 다품종 비규격화된 대량 배송은 아마존의 '키바KIVA'와 같은 로봇이 적용될 수 있으며, 대한통운도 이러한 방식의 로봇을 도입하고 있다. 그런데 기술력도 차이가 있겠지만 근본적으로 미국은 땅이 넓어서 물류센터를 횡으로 넓게 펼 수 있지만, 한국은 물류센터를 종으로 올려야 하기 때문에 이런 로봇 적용에 한계가 있다.

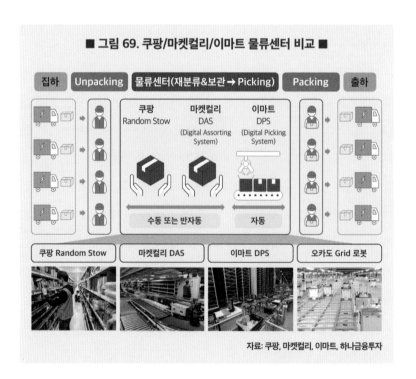

■ 그림 69. 쿠팡/마켓컬리/이마트 물류센터 비교 ■

자료: 쿠팡, 마켓컬리, 이마트, 하나금융투자

6장

온라인화가 소비 밸류체인에
끼친 영향 3:
브랜드~OEM/ODM

브랜드: 양극화 가속

브랜드력이 모든 걸 가른다

소비자와 유통 업체에 이어서 유통 업체에 제품을 공급하는 브랜드 업체와 OEM/ODM 업체로 논의를 이어가 보자. 브랜드 업체들은 브랜드력이 모든 것을 설명한다. 브랜드력은 전방 산업이라고 할 수 있는 유통 업체와 후방 산업인 OEM/ODM 업체에 대한 협상력의 원천으로 제조/판매수수료를 최대한 낮출 수 있다. 또 소비자에게는 높은 브랜드 로열티를 형성하여 가격에 대한 소비의 비탄력성으로 자유로운 ASP 상승과 높은 수익성을 도모할 수 있다.

생산과 유통 측면에서 나눠서 살펴보자. 일반적으로 브랜드 업체들이 자체적인 생산시설을 갖는 경우는 많지 않다. 특수한 제조공법을 보유하고 있는 세탁/주방세제(LG생활건강/애경산업)나 주방용품(락앤락), 식품(오리온, 농심)의 경우는 예외다. 화장품의 경우 성분의 배합이나 처방전이 막대한 R&D 산물일 경우 자체적인 생산시설을 갖추고 있다. 그러나 설화수나 후 등 일부 프리스티지/럭셔리 제품에 한정된다. 브랜드숍을 포함한 대부분 중저가 매스 브랜드 제품들은 대체로 한국콜마와 코스맥스와 같은 ODM/OEM 업체에서 생산되는 경우가 많다.

물론 이러한 차이는 주가 측면에서 메이저 화장품 업체와 원브랜드숍 업체의 밸류에이션 격차로 이어진다. 프레스티지/럭셔리 시장은 자체적인 대규모 생산시설과 R&D센터, 특허와 유통망을 확보하고 있기 때문에 진입장벽이 대단히 높은 반면, 중저가 매스 시장은 자본과 아이디어, 가맹점주들을 확보할 수 있는 네트워크만 있으면 언제든지 시장 진입이 가능하기 때문에 밸류에이션이 낮다. LG생활건강과 애경산업의 밸류에이션 격차가 PER 기준 10배 이상 발생하는 원인 중 하나는 이러한 진입장벽의 문제다. 연간 1,000억 원 이상을 R&D로 쏟아 붓는 LG생활건강과 아모레퍼시픽의 기술력을 에이블씨엔씨나 잇츠한불과 동일선 상에 두고 본다는 가정은 무리일 것이다.

의류/패션 업체들의 밸류에이션과 진입장벽이 낮은 이유도 여기에 있다. 의류/패션 업체들은 대체로 디자인과 유통을 담당하고 생산은 아웃소싱을 한다. 화장품과 달리 패션 업체는 디자인이 모든 상품

가치를 판가름하는 핵심 요소이기 때문에 생산시설까지 내재화하는 경우가 많지 않다. 즉 화장품 원브랜드숍 시장처럼 디자인 역량과 유통 네트워크만 갖고 있으면 누구든지 진출할 수 있다.

더구나 브랜드력이 특별하지 않거나 단일 브랜드에 크게 의존하고 있다면 회사의 존망이 어떻게 될지 모르는 불확실한 시장이다. 그래서 유난히 의류/패션 업체의 흥망과 교체가 빠르게 나타나는 것일 수 있다. 브랜드력은 결국 시장점유율이 말해 주는데, 아모레퍼시픽과 LG생활건강의 국내 화장품 시장점유율은 각각 10%를 훨씬 넘지만, LF와 한섬 등 국내 TOP5 업체의 시장점유율을 합쳐 봐야 10%가 조금 넘을 뿐이다.

브랜드 업체들의 유통망에 대한 접근 방식

브랜드 업체들의 유통망에 대한 접근 방식은 브랜드력에 따라 판이하게 달라진다. 론칭 초기에 브랜드력이 낮을 때는 메이저 유통 업체에 입점하기 위해서 높은 판매수수료를 지불할 수밖에 없다. 판매량이 증가하고 평당 효율이 상승하게 되면 백화점 등 유통 업체와 협상에서 훨씬 유리한 고지를 점유하게 되고 수익성도 개선된다.

모바일 쇼핑이 확대되기 전까지 브랜드 업체가 가장 선호하는 유통망은 가두점이었다. 의류 업체에게 백화점은 마케팅 창구 역할에 그친다. 높은 판매수수료 때문에 수익을 내기가 대단히 힘든 채널이다. 백화점 채널을 통해 브랜드 인지도를 올리고 점차 가두점으로 확대하면서 수익성을 추구하게 된다. 브랜드 업체들이 가두점을 선호하는 이유는 비용 부담의 차이 때문이다. 백화점은 판매수수료가 매출의 일정 비율을 차지하기 때문에 백화점과 정확하게 이익을 공유하는 체계다. 물론 브랜드력이 올라가면 판매수수료율이 낮아지지만 이익을 공유하는 체계 자체는 변함이 없다.

쇼핑몰은 판매수수료가 없는 대신 임차료를 지불하는데, 임차료 수준이 높아도 고정비이기 때문에 매출이 증가하게 되면 영업 레버리지 효과를 기대할 수 있다. 가두점은 상대적으로 쇼핑몰보다 임차료가 낮기 때문에 매출 성장이 동일하게 나온다면 이익 증가폭이 크다. 대신 가두점은 백화점이나 쇼핑몰에 비해 채널로서 집객력이 떨어지는 경향이 있고, 쇼핑몰은 높은 임대료 수준이 고정비로 지급되기 때문에 매출이 저하될 경우 손실이 발생할 수 있다. 브랜드력이 높을수록 가두점을 확대하는 것이 합리적이고, 브랜드력이 떨어질수록 백화점 입점을 선호한다.

온라인 채널에 대한 브랜드 업체들의 입장 역시 브랜드력에 따라 달라질 수 있다. 온라인 채널은 특별한 진입장벽이 없기 때문에 벤처 브랜드에게는 기회가 될 수 있다. 오픈마켓과 네이버쇼핑 등 주요 플랫폼 업체들의 판매수수료율은 5~10% 정도밖에 되지 않기 때문에 백화점이나 일반 가두점보다 마진 관리에 훨씬 용이하다. 하지만 그만큼 가격 경쟁이 치열하고, 무엇보다 반품 부담이 커서 만만치 않은 채널이다.

오프라인 채널과 달리 미리 입어 보고 살 수 없기 때문에 단순 변심에 의한 반품을 보증하는 경우가 많으며, 그 비용과 재고 부담은 온전히 브랜드 업체 몫이다. 일반적으로 온라인 판매 의류 반품은 30% 내외로 알려져 있다. 과거 CJ오쇼핑(현재 CJ온스타일)의 경우 PB 브랜드 반품 재고를 임직원 행사로 소진하곤 했다. 오프라인 채널 대비 판매수수료 부담은 작지만, 반품에 따른 악성 재고 부담이 증가하게 된다. 또 판매 가격이 상대적으로 낮기 때문에 판가/원가 스프레드가 오프라인보다 작다. 이런 측면을 감안하면 온라인 채널 수익성이 꼭 높다고 말하기 어렵다.

고정비 부담이 덜하기 때문에 판매 가격을 낮춰도 마진을 확보할 수 있지만, 오프라인 점포와 가격 차이를 고려해야 하기 때문에 탄력적인 가격 정책 운용에 한계가 있다. 온라인 전용 브랜드 업체들에 비해 가격 경쟁력이 떨어질 수도 있다. 아울러 해외직구를 통해 글로벌 브랜드들에 대한 국내 소비자들의 접근이 수월해지면서 경쟁은 더욱 치열해지는 상황이다.

한섬같이 상대적으로 브랜드력이 높은 업체들은 온라인 자사몰을 통해 오프라인 매장과 큰 가격 차이 없이 상품을 판매함으로써 성장성은 물론 수익성 개선에도 긍정적이다. 물론 매출 비중이 10%에도 못 미치는 경우가 많으며, 오프라인 채널 둔화세를 감안하면 성장 동력이라고 말하기는 어렵다.

한편 휠라코리아의 경우 쿠팡과 같은 직매입 온라인 유통 업체 비중이 상대적으로 높은데, 공급률(도매 공급 가격/정가)은 백화점 채널보다 더 낮다. 재고 부담을 한꺼번에 넘기면서 생산 일정을 효율화하고, 현금유동성을 원활하게 확보하는 데 긍정적이다. 다만 쿠팡이 일정 시간이 지나면 높은 할인 정책으로 가격 교란을 일으킬 수 있기 때문에 휠라코리아 입장에서는 조심스런 상황이다. 브랜드력이 여의치 않은 대부분 업체는 더욱 치열한 경쟁에 노출되면서 성장성과 수익성을 담보하기 어려워졌다고 할 수 있다.

브랜드 업체의 수익성에는 끝이 없다

국내 진출한 글로벌 브랜드 업체들의 2020년 실적이 공개됐다. 루이비통코리아 영업이익은 YoY 177%나 증가했다. 주목할 부분은 영업이익률이다. 샤넬과 루이비통은 15% 내외, 에르메스코리아는 30%가 넘었다. 브랜드 업체들의 수익성은 브랜드력에 따라 편차가 크게 나타난다. 브랜드 업체들은 브랜드력을 빌드업하는 데 상당한 시간과 노력이 소요된다. 브랜드력이란 유통업이나 OEM 업체보다 좀 더 복잡한 소비자들의 선호와 트렌드를 포괄하고 있기 때문에 단순히 마케팅비를 확대한다고 형성되는 것도 아니다.

거기에는 우연도 있고 역사도 있다. LG생활건강의 후는 시진핑 부인 펑리위안이 애용하는 것으로 알려지면서 '황후의 화장품'으로 브랜드 정체성을 만들기 시작했다. 코코샤넬의 패션 철학, 마릴린 먼로의 향수 샤넬 No.5, 1982년에 첫 선을 보인 에스티 로더 나이트리페

■ 표 16. 2020년 해외 명품 업체 국내 법인 실적 ■ (단위:억 원)

회사	매출		영업이익	
		YoY(%)		YoY(%)
에르메스코리아	4,191	15.8	1,334	15.9
루이비통코리아	10,468	33.4	1,519	176.7
샤넬코리아	9,296	-12.6	1,491	34.4
프라다코리아	2,714	4.8	175	45.5
몽클레르코리아	1,499	13.6	318	57.4
펜디코리아	787	27.5	70	103.3
토즈코리아	313	-22.6	-18	적전

자료: 각 사, 하나금융투자

어는 '더 좋게 만들 여지가 없을 만큼 뛰어난 제품'으로 유명하다. 소비에는 브랜드의 역사와 철학 그리고 우연한 사건과 이야기 등 눈에 보이지 않는 심리적 만족도가 크게 작용한다. 플라시보 효과라고 말할 수도 있다. 이런 무형의 자산들이 쌓이면서 브랜드력은 견고한 성처럼 지속력을 갖는다.

브랜드력은 아이디어의 산물이므로 특별한 규모를 요구하지 않지만 경쟁이 아주 치열하다. 따라서 신규 브랜드가 시장에서 일정 규모 이상으로 성공하기란 대단히 힘들며, 특정 브랜드가 이미 시장을 강하게 선점한 상황에서는 더욱 그렇다. 반면에 살아남아 높은 브랜드력을 확보한 업체는 높은 수익성으로 시장을 독식하게 된다. 브랜드력이 확보된 이후에는 브랜드 로열티의 상승으로 가파른 수익성 제고가 가능하다. 기술력과 디자인력이 막대한 부가가치를 창출하면서 원가율을 낮추고 수익성을 개선시킨다. 소비 밸류체인 상에서 브랜드 업체들의 수익성 개선 방향성은 크게 3가지로 나타난다.

첫째, 유통 업체에 대해서는 협상력이 상승하면서 판매수수료는 하락한다. 일반적인 패션 상품의 백화점 판매수수료가 30% 이상인 데 비해 명품이나 글로벌 SPA의 백화점 판매수수료는 10% 내외로 알려져 있다. 백화점은 판매수수료를 낮춰 주는 대신 높은 집객력에 의한 외부 효과와 안정된 이익 증가를 기대할 수 있다. 브랜드 업체는 이에 만족하지 않고 높은 고객 로열티를 기반으로 수익성이 더 좋은 가두점으로 점포 확대를 도모하면서 높은 영업 레버리지를 발생시킬 수 있다.

둘째, OEM 업체에 대해서는 납품 가격을 낮추면서 수익성을 제고한다. 국내 TOP 화장품 브랜드들에 대한 OEM 업체 마진은 거의 0%에 가까운 것으로 알려져 있다. 대신 OEM 업체들은 높은 평판을 얻게 되고 신규 수주 및 사업 규모 확대를 기대할 수 있다.

셋째, 소비자들에 대해서는 낮은 가격 탄력성으로 수익성을 제고한다. 일정 기간 이후 신규 디자인 상품에 대해 비용 대비 높은 가격 인상으로 영업이익률을 지속적으로 올릴 수 있다. 소비자들은 양질의 퀄리티와 디자인에 대한 만족감은 물론 명품 소비의 자부심을 향유할 수 있다. 이러한 고객 로열티를 기반으로 한 높은 진입장벽은 수익성 제고와 사업의 연속성을 확보하면서 글로벌 브랜드 업체들의 높은 밸류에이션을 정당화시킨다.

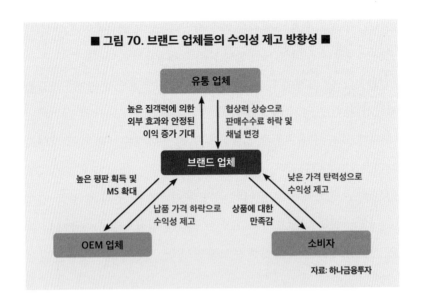

■ 그림 70. 브랜드 업체들의 수익성 제고 방향성 ■

유통 업체

높은 집객력에 의한
외부 효과와 안정된
이익 증가 기대

협상력 상승으로
판매수수료 하락 및
채널 변경

브랜드 업체

높은 평판 획득 및
MS 확대

낮은 가격 탄력성으로
수익성 제고

납품 가격 하락으로
수익성 제고

상품에 대한
만족감

OEM 업체

소비자

자료: 하나금융투자

브랜드력이 높은 업체: 성장성과 수익성 모두 제고

롯데쇼핑 같은 유통 업체나 아모레퍼시픽 같은 브랜드 업체들이
실적 발표를 할 때 "온라인 매출 비중 상승 때문에~"라는 말을 자주
한다. 그런데 그 다음 문장은 업체에 따라 판이하게 다르다. 백화점
이나 대형마트 업체들은 온라인 매출 비중 상승 때문에 수익성이 떨
어졌다고 하고, 메이저 브랜드 업체들은 오히려 온라인 비중 상승 때
문에 수익성이 좋아졌다고 한다.

아모레퍼시픽 판매 채널 가운데 가장 수익성 좋은 채널은 면세점
과 온라인이다. 면세점 채널은 백화점 대비 동일 면적당 매출이 20배

이상이며 영업이익률이 25%가 넘는다. 그런데 온라인 채널 영업이익률도 25% 정도다. 수익성에서 오프라인과 온라인 채널이 차이 나는 이유는 자명하다. 아리따움 같은 오프라인 매장을 운영하는 데는 임차료와 인건비 등 추가적인 비용이 들어가고, 백화점이나 올리브영에 입점하면 판매수수료가 30% 내외다. 그런데 온라인 자사몰은 특별한 고정비가 없고, G마켓이나 11번가 입점 수수료율은 15% 내외로 훨씬 낮다. 가격을 좀 낮추더라도 마진이 더 좋을 수 있다.

이렇게 온라인 채널에서 유통 업체와 브랜드 업체 간에 희비가 엇갈리는 이유는 온라인화로 인한 ASP 하락이 기본적으로 유통 시장 경쟁 심화로 인한 유통 마진 훼손에서 나타나기 때문이다. 예를 들어 윤조 에센스 90ml 리테일 가격이 10만 원이라고 가정하자. 롯데닷컴에서 가격을 20% 내려서 8만 원에 판다고 할 때, 아모레퍼시픽은 롯데닷컴에 8만 원에 팔라고 한 적이 없다. 아모레퍼시픽이 롯데닷컴에 홀세일로 넘기는 가격은 이전과 같이 7만 원이다. 그런데 롯데닷컴이 11번가와 경쟁하기 위해서 가격을 20% 할인한 것이다. 이렇게 되면 ASP가 하락하기 때문에 윤조 에센스의 소비량은 증가할 것이다. 롯데닷컴은 이전보다 마진이 하락하지만 아모레퍼시픽은 동일한 가격(7만 원)에 판매량이 증가하므로 성장성과 수익성이 좋아진다.

브랜드력이 낮은 업체: P와 Q 모두 하락

반면에 브랜드력이 다소 떨어지는 M브랜드의 에센스 가격을 8만 원이라고 하자. 롯데닷컴에서 역시 11번가와 경쟁하기 위해서 가격을 6만 원으로 할인해서 팔게 되었다. 롯데닷컴이 아모레퍼시픽에는 홀세일 가격을 내려 달라고 하지 못한다. 윤조 에센스의 브랜드력이 높기 때문에 롯데닷컴에서 압박하기 어렵다. 윤조 에센스를 팔고 싶어 하는 유통회사는 많다. 하지만 M사에는 ASP 하락을 전가할 수 있다. 유통 업체의 협상력이 M사의 브랜드력보다 높기 때문이다. M사 입장에서는 롯데닷컴이 아닌 다른 팔 곳을 찾는 것이 만만치 않다.

판매량도 문제다. 소비자들은 M사 에센스를 사지 않고 20% 가격이 내려간 윤조 에센스를 산다. 소비자들은 싼 걸 더 싸게 사기보다 평소에 사고 싶었던 제품을 10~20% 싸게 사는 것을 훨씬 선호하기 때문이다. 그러다 보니 M사는 가격과 판매량이 모두 하락하면서 성장성과 수익성이 나빠진다.

이런 현상은 다분히 상대적이다. 수입 브랜드의 가격이 하락할 경우 대체재 성격이 강했던 국내 브랜드 제품들의 가격 경쟁력은 위축될 수 있다. 예를 들어 원피스 품목에 대해 한섬의 타임(70~80만 원)과 랄프 로렌 블랙라벨(120만 원) 두 브랜드가 대체재 성격을 갖고 있다고 가정할 때, 랄프 로렌 가격이 50% 할인되어 유통된다면 타임의 경쟁력은 떨어질 수밖에 없다.

2013년 이후 백화점 화장품 판매는 유례없는 판매 부진을 겪었다.

특히 부진한 부문은 시슬리나 에스티 로더, 디올 같은 해외 럭셔리 화장품들이었다. 경기 부진의 영향도 있지만 해외직구와 면세점 소비 확대가 주요인으로 지목되고 있다. 문제는 이들 제품과 함께 국내 럭셔리 브랜드인 오휘(LG생활건강)와 AMORE PACIFIC(아모레퍼시픽)도 크게 부진했다는 점이다. 이들의 공통점은 보편적 기초 라인이라는 점이다. 해외 럭셔리 브랜드들과 대체재 관계에 있는 것이다. 반면에 설화수와 후/숨 등 한방 브랜드는 견조한 성장세를 보였다. 한방 화장품은 대체가 어려운 차별적 로열티를 보유하고 있기 때문으로 분석된다.

온라인 채널은 오프라인 매장이 필요 없기 때문에 도심이 아닌 변두리에서도, 심지어 국경을 넘어 소비자를 만날 수 있다. 특별한 비용 부담 없이 판매 권역을 확대할 수 있는 것이다. 설화수나 후와 같은 화장품 브랜드들이 국내외 매장 수의 정체에도 불구하고 고성장하는 이유 중 하나는 온라인 채널 확대 효과 때문이다. 설화수와 후의 중국 매출 성장의 대부분은 티몰과 JD닷컴 같은 온라인 유통 채널에서 발생하고 있고, 두 브랜드 모두 온라인 매출 비중이 40%를 넘는다.

국내 가구 1위 업체인 한샘 역시 지속적인 ASP 하락을 통해서 시장점유율을 올리는 데 성과를 거두고 있다. 국내 가구 시장 성장률이 민간 소비 성장률을 넘지 못하고 있는 데 반해 한샘 인테리어가구 부문 매출은 2010~17년까지 연평균 17%로 고신장했다. 가구 제품의 특성상 해외 브랜드 직수입과 보편화가 어려운 가운데 지속적인 ASP 하락 정책은 진입장벽을 높이고 시장점유율 상승폭을 확대하는 결정적인 전략 수단이 되고 있다.

반면에 브랜드력이 낮은 업체들에게 온라인으로 인한 경쟁 심화
는 추가적인 위협이다. 온라인 채널을 통해 신규 브랜드 진입이 쉬워
지면서 상위 브랜드와 신규 브랜드 사이에서 샌드위치 상황이 발생
하게 되었다. 에이블씨엔씨와 더페이스샵 등 국내 원브랜드숍 업체
들의 부진, LF와 한섬 등 국내 의류 업체들의 지속적인 실적 저하 원
인 가운데 하나는 온라인화에 의한 경쟁 심화에 있다고 분석한다.

물론 신규 벤처 브랜드들에게는 온라인화가 분명한 기회의 장이
되고 있다. 유통 채널에 대한 진입장벽이 낮아지면서 제품의 퀄리티
와 마케팅만으로 소비자에게 접근, 어필할 수 있게 된 것이다. 더구
나 최근에 유튜브나 인스타그램을 통해 소비자들의 자유로운 커뮤니
케이션이 가능해지면서 벤처 브랜드들에게 취약한 인지도와 신뢰도
를 단기간에 쌓을 수 있는 기회를 얻게 되었다.

1등 업체들의 한계와 위기

온라인화는 유통 업체들뿐 아니라 브랜드 대기업들의 사업 구조
변화를 요구하고 있다. 화장품, 의류, 가구, 심지어 가전 렌털과 여행
상품에 이르기까지 소비는 온라인 채널로 이전하고 있다. 반면에 각
업종 시장점유율 1위 업체는 모두 오프라인 비중이 절대적이다. 지
금까지의 시장이 오프라인 위주였으니 그럴 수밖에 없다. 문제는 이

러한 변화에 발맞추어 대응하기가 쉽지 않다는 것이다. 시장점유율 1위인 만큼 회사 조직의 규모가 크며, 의사 결정 구조가 복잡하고, 여러 조직 간에 이해관계가 얽혀 있기 때문이다. 결국 온라인화에 대한 적절한 대응 여부가 지난 10년 동안 1등 기업들에게 경쟁 우위를 유지하는 핵심 조건이 되었다.

화장품 방판 시장

방판에 대한 아모레퍼시픽과 LG생활건강의 상반된 대응은 두 회사의 브랜드/채널에 대한 근본적인 시각차를 말해 준다. 아모레퍼시픽의 기존 거대한 방판 조직은 온라인 채널 확대 전략과 마찰이 불가피했다. 아모레퍼시픽은 여러 번의 시행착오와 전략적인 의사결정을 통해 방판 채널의 구조적 둔화를 인정하였고, 온라인 채널의 공격적 전개로 크게 방향을 선회했다. 방판 채널에 대한 중저가 전용 라인을 확대하고, 메인 브랜드에 대한 온라인 비중/노출을 확대했다.

반면에 LG생활건강은 오히려 공격적인 방판 영업으로 전환하여 방판 조직의 반발이 컸던 오휘의 온라인 몰 판매를 제한했다. 이에 따라 20~30대 방판 인력을 확충하면서 젊은 층의 방판 영업력을 높이고, 온라인은 전용 브랜드 출시로 방판 조직과의 마찰을 해소했다. 방판 시장 2위 업체로서 시장점유율 확대 기회로 보고 방판에 중심을 두고 온라인을 부수화한 것이다.

하지만 온라인화와 방판 둔화라는 큰 흐름을 생각해 보면 LG생활건강의 전략은 기존 방판 조직과의 마찰을 최소화하고 기존 수익 구조의 변화를 위험 요인으로 인식한 '보수적 선택'이라고 평가할 수 있다. 아울러 두 회사의 정책 차이는 가격대별 상품 믹스가 다르기 때문일 수도 있다. LG생활건강은 후와 숨/오휘 등 럭셔리 화장품의 비중이 80%를 넘는 데 반해, 아모레퍼시픽은 30% 정도밖에 안 된다. 럭셔리 화장품의 경우 상대적으로 온라인 채널 쇼핑 비중이 낮다.

결과적으로 10년 전 방판 시장에서 아모레퍼시픽 대 LG생활건강 매출비가 8:1이었다면 2020년에는 거의 1:1이 되었다. 반면에 LG생활건강은 국내 화장품 사업에서 온라인 채널 비중이 미미하지만 아모레퍼시픽은 30%를 넘어서고 있다. 향후 두 회사의 선택이 어떤 결과로 이어질지 유심히 지켜볼 일이다.

환경 가전 렌털 시장

보수적 접근은 코웨이에서도 볼 수 있다. 코웨이의 렌털 판매는 전국 약 1.3만 명 코디 오프라인 조직에 영업을 상당히 의존하고 있다. 안마의자나 돌침대 등 일시불 판매 역시 이들 조직을 통해 이루어진다. 전국 340만 가구와 직접 대면을 통해 마케팅이 가능하다는 점이 차별적인 경쟁력이다. 회사의 높은 시장점유율은 코디의 충성도를 높인다. 문제는 높은 코디 의존도가 다른 채널로의 확장에 걸림돌이 될 수 있다는 점이다. 이들을 거치지 않은 판매는 코디 조직에 강한 반발을 불러일으킬 것이 자명하기 때문이다.

코디들은 크게 2가지 수익원을 갖고 있다. 최초 렌털 판매가 이루어졌을 때 받는 판매수수료와 매월 정기적으로 받는 유지관리수수료다. 홈쇼핑으로 판매되었을 경우 판매수수료 부문이 홈쇼핑 업체로 지불된다. 코디들은 그들의 핵심 수익원이 사라지는 것이기 때문에 계정수 증가로 유지관리수수료가 높아진다고 하더라도 이를 달가워할 리 없다.[32] 구조적으로 홈쇼핑이나 다른 채널(하이마트/대형마트 등)로 판매망 확대를 공격적으로 전개하기 어려운 이유다. 코웨이는 2010~20년 렌털 사업에서 연평균 5.4% 성장에 그쳤다. 반면에 쿠쿠전자는 홈쇼핑 채널을 통해 2011년부터 공격적인 영업을 하여 2020년 렌탈 계정이 186만 건에 이르렀다. 코웨이 정수기 렌털 계정의 32%에 달하는 수준이다.

가구/여행 시장

2013년 이전 하나투어와 한샘은 대부분의 매출이 오프라인 대리점[33]을 통해 발생하고 있었다. 2013년 온라인 채널 매출이 YoY 30% 내외 고신장하면서 신규 성장 동력으로 작용했다. 온라인 매출 비중은 두 회사 모두 15% 내외였다. 높은 오프라인 베이스에도 불구하고 온라인 채널이 성공적으로 안착할 수 있었던 이유는 대리점과 비용, 이익을 공유했기 때문이다.

----

32 예를 들어 코디가 200만 원(렌털 기간 누적 소비자가 내는 돈)짜리 정수기 렌털 판매를 성공할 경우 판매수수료로 약 10만 원을 일시불로 받고, 5년에 걸쳐 20만 원(월 3,500원 내외) 정도를 받는다. 판매수수료 비중이 상당히 크기 때문에 코디는 다른 채널로 정수기 렌털이 판매되는 것을 좌시할 수 없다.

33 오프라인 대리점의 매출 비중은 하나투어 약 80%, 한샘 B2C 46%였다. 한샘의 B2C 매출에서는 IK 조직에서 발생하는 매출 비중이 40% 이상으로 높았다.

하나투어의 경우 온라인에서 판매되는 모든 패키지/FIT**Free Independent Tour** 상품 매출이 대리점으로 잡힌다. 구매자가 온라인 상에서 주소를 입력하고 결제를 하면 구매자의 주소 지역 대리점 매출로 계상된다. 대리점이 수취하는 수수료율은 판가의 7% 수준이다. 오프라인 상품 판매에 대한 수수료율 9%에 비하면 낮지만 특별한 마케팅 없이 추가 수익을 기대할 수 있다는 점에서 대리점의 만족도는 매우 높다.

한샘은 2가지 온라인 채널이 보유하고 있다. 부엌가구는 홈쇼핑을, 인테리어가구는 온라인몰을 운영하고 있다. 부엌의 경우 홈쇼핑으로 판매되는 비중이 대리점 매출의 30%에 달한다. 홈쇼핑으로 판매가 이루어지면 거주자의 인근 대리점으로 주문이 발생한다. 한샘은 홀세일로 매출이 발생하고, 대리점은 홈쇼핑 판매 가격으로 소비자에게 시공하게 된다. 홈쇼핑 판매수수료는 한샘과 대리점이 분담한다. 그래서 영업이익률이 일반 B2C 영업이익률 10% 대비 크게 낮은 3~5% 수준에 불과하지만 판매 비중이 상승하면서 대리점주의 중요한 매출처가 되고 있다. 홈쇼핑 채널은 1시간 동안 단독 구성이 가능하기 때문에 그 어떤 채널보다 전국적으로 자세한 제품 설명이 가능하다. 부엌가구 홈쇼핑 판매 증가는 마케팅 효과가 더해져 오프라인 판매 증가로도 이어졌다.

OEM/ODM 기술
진입장벽에 따른 차별화

OEM/ODM/OBM의 차이

2014년 이후 K뷰티 열풍이 한창 중국을 휩쓸 때 중국 화장품 업체들은 한국 화장품 베끼기에 여념이 없었다. 설화수 미투**Me-Too Product** 제품 '월화수'가 큰 인기를 끌었고, 네이처리퍼블릭을 본뜬 '네이처리턴'을 내놓기도 했으며, 브랜드 로고는 한글식이었다. 기존의 중국 브랜드 업체들도 생산은 한국 업체에서 해 주기를 원했다. 심지어 이들 브랜드 업체들의 마케팅 방식은 "뒤집어 보세요. 한국 화장품 회사가 생산한 겁니다."였다. 코스맥스가 생산한 제품들은 거의 한국 브랜드 제품으로 인정받았다. 코스맥스도 상해 법인과 국내 법인이 있었는데, Made In Korea면 대환영이었다.

소비 밸류체인의 시작점은 OEM/ODM 생산 업체다. 먼저 OEM과 ODM의 차이를 먼저 알아야 하는데, OEM**Original Equipment Manufacturing**은 주문자 상표 제품 생산 방식으로 제품의 처방전과 디자인 등 모든 권리는 브랜드 업체가 가지고, OEM 생산 업체는 단순 생산만 담당한다. 반면에 ODM**Original Development Manufacturing**은 제조업자 개발 생산 방식으로 제품의 설계부터 개발, 생산 등에 이르기까지의 전 과정을 제조사가 맡는다. 상품에는 주문자의 상표가 붙지만 처방전과 디자인 권리를 모두 생산자가 갖는다.

두 생산 방식의 가장 큰 차이는 처방전 권리를 누가 갖는가이다. OEM은 브랜드 업체가 처방전 권리를 갖기 때문에 언제든지 생산자를 교체할 수 있다. 하지만 ODM은 처방전 권리를 생산 업체가 갖기 때문에 브랜드 업체가 원해도 동일 제품을 다른 생산 업체로 넘기기 어렵다. 그래서 실적의 안정성이 높다. 당연히 ODM 방식이 마진도 더 높다. 일반적으로 화장품 산업에서 OEM 방식은 대형 브랜드 업체들의 검증된 제품인 경우가 많다. 생산 업체는 기술력은 있지만 아직 네임밸류가 낮은 경우 대형 브랜드의 OEM 생산을 통해 평판을 쌓기도 한다. 예를 들어 아모레퍼시픽의 제품을 생산한다는 사실 하나만으로도 영업에 도움이 되기 때문에 아모레퍼시픽 향 OEM 제품에 대한 납품 단가는 상당히 낮을 수밖에 없다.

반면에 ODM은 생산 업체의 개발 역량이 뒷받침돼야 가능한 방식이기 때문에 코스맥스나 한국콜마 등 규모가 큰 업체들이 주로 전개한다. 브랜드 업체는 개발 부담을 덜고 마케팅에 집중할 수 있기 때문에 화장품 시장 진입장벽을 낮추는 데 크게 기여했다. 2003년 이후 국내 화장품 시장에서 원브랜드숍이 크게 확대되면서 동반 성장하게 되었다. 벤처 브랜드나 유통 업체의 PB 브랜드, 또는 패션/제약회사 등 이종 산업에서 화장품 시장에 진출할 때 ODM 업체는 중요한 파트너이기 때문에 최근 원브랜드 업체들이 쇠퇴하는 가운데서도 ODM 업체들은 견조한 성장세를 이어가고 있다. 한국의 원브랜드숍 업체들을 비롯하여 클리오나 스타일난다 등 중저가 브랜드 업체들은 거의 생산시설 없이 ODM 방식으로 제품을 공급하고 있다.

한 단계 더 나아가 최근에는 OBM**Original Brand Manufacturing** 방식이 부각되고 있다. 온라인 유통 시장 확대와 함께 화장품/패션 시장 진입장벽이 더욱 낮아지고 있는데, 생산 업체가 브랜드 빌딩과 마케팅, 재고까지 책임짐으로써 돈과 의지만 있으면 누구나 시장에 진출할 수 있도록 서비스가 확대되었다. ODM 업체들 입장에서는 추가 마진을 확보하면서 사업 권역이 넓어진 것이다. 문제는 마케팅과 재고까지 다 책임지다 보니 경기가 안 좋을 때는 OEM이나 ODM 방식보다 실적 부담이 더 커질 수 있다는 점이다. 2020년 4분기 코스맥스 미국 법인의 '하드캔디' OBM 사업 철수 결정으로 판매 재고를 일시에 상각한 바 있다.

OEM/ODM 업체의 경쟁력

몇 년 전에 아내가 70만 원 정도 하는 '타임' 가을 코트를 샀는데, 2주일 후에 장모님이 동대문에서 원단과 디자인이 똑같은 옷을 16만 원에 사 오셔서 아내가 분해했던 적이 있다. 의류/패션은 카피하기가 대단히 쉽다. 디자인을 창안하는 것이 어려울 뿐 원단은 표준화되어 있으므로 똑같은 원단을 구해서 재단하고 봉제하면 끝이다. 동대문 상인들도 중국인들 때문에 힘들어했다. 동대문에서 디자인을 카피해서 중국 현지에서 생산/판매하는 업체가 많았기 때문이다.

OEM/ODM 업체들의 핵심 경쟁력은 높은 기술력과 원가경쟁력이다. 브랜드 업체들이 원하는 제품을 되도록 값싸게 공급할 수 있는 능력이 핵심이다. 업종에 따라 기술력과 원가경쟁력의 비중은 좀 달라진다. 예를 들어 패션/의류의 경우 디자인 이외에 특별한 경쟁력을 확보하는 것이 어렵기 때문에 제품을 얼마만큼 싸게 생산할 수 있는가가 경쟁력이다. 대체로 ODM보다 OEM이 많다. 핵심 가치라고 할 수 있는 디자인은 브랜드 업체가 담당하고, OEM 업체는 원단 소싱과 생산을 담당한다.

2012년 에이블씨엔씨가 SK II 의 피테라 에센스 미투 제품인 레볼루션 에센스를 만들어서 크게 히트를 쳤다. 성능은 차치하고 발효 화장품 특유의 향이 매우 비슷했다. 에이블씨엔씨는 에스티 로더의 나이트리페어까지 잇따라 출시하면서 피치를 올렸다. 하지만 인기는 오래가지 않았다. 화장품의 내용물은 다양한 원료를 처방전에 따라

■ 그림 71. 에이블씨엔씨 레볼루션 에센스 ■

미샤 '보랏빛 앰플' 누적판매량 100만개 돌파

기사입력 2013.01.24. 오전 6:27   스크랩   본문듣기·설정

공감   1   요약봇 가 [] []

작년 1월 출시후 11개월만에 '대박'

(서울=연합뉴스) 하채림 기자 = 해외 유명 브랜드 화장품 '갈색병'과 비교 마케팅으로 눈길을 끈 미샤의 '보랏빛 앰플'이 11개월만에 누적 판매량 100만개가 넘는 '대박'을 터뜨렸다.

미샤를 운영하는 에이블씨엔씨는 '타임 레볼루션 나이트 리페어 뉴 사이언스 액티베이터 앰플', 일명 보랏빛 앰플이 지난달초 누적 판매량 100만개를 돌파했다고 24일 밝혔다.

작년 1월 1일 출시한 지 약 11개월만이다.

보랏빛 앰플보다 3개월 먼저 나온 '타임 레볼루션 더머스트 트리트먼트 에센스(더머스트 에센스)' 역시 같은 기간에 100만개가 팔려나갔다.

자료: 매일경제, 2017.4.25., 하나금융투자

배합한 것이기 때문에 원료의 구성과 비율이 눈에 보이지 않는다. 그래서 미투 제품을 만들 수는 있어도 카피는 불가능하다.

하지만 의류의 원단은 일정하게 정해져 있다. OEM 업체들이 하는 작업은 원단을 디자인 그대로 재단/봉제/포장하는 일이 대부분이다. 한세실업 베트남 공장을 가 보면 수백 명의 재단사와 재봉틀 수백 대가 한 건물 안에서 동일한 작업을 하는 것을 볼 수 있다.

2014~15년 영원무역과 한세실업의 실적 모멘텀은 원가의 중요성을 잘 설명해 준다. 중국이 높은 임금 상승과 임차료 부담 등으로 글로벌 생산 지역으로서 의미가 빠르게 퇴색되고 있었기 때문에 방글라데시와 베트남 등지에 이미 생산시설을 확보해 놓은 두 업체에 글

■ 그림 72. 한세실업 베트남 공장 ■

자료: 한세실업, 하나금융투자

로벌 의류/스포츠웨어 브랜드 업체들의 수주가 몰려들었다.

물론 이러한 가격 경쟁력은 시장 원리에 의해 시간이 지날수록 낮아질 수밖에 없다. 경쟁 업체가 Capa를 확대하고 해당 지역에 인플레이션이 발생하면 경쟁력이 떨어지고 성장도 둔화될 수밖에 없다. 이러한 의류 OEM 업체들의 전략은 같은 시기에 코스맥스와 한국콜마 등 화장품 ODM 업체들이 중국 소비시장 확대를 염두에 두고 중국 현지 생산기지를 오히려 확대한 사실과 대조를 이룬다.

화장품 업종은 ODM 방식이 많다. 코스맥스와 한국콜마가 대표적인 경우다. 이들은 높은 막대한 R&D 투자와 설비, 기술력으로 높은 진입 장벽을 세우고, 중저가 매스 시장의 다양한 트렌드 변화에 맞춰 수많은 히트 상품을 내놓으면서 국내 1, 2위는 물론 글로벌 화장품 ODM 시장에서도 1, 2위를 차지하고 있다. 처방전을 브랜드 업체가 아닌 ODM 업체가 갖기 때문에 한 번 사업 파트너가 되면 사업 지속성이 대단히 높다. 한국과 중국 화장품 시장 성장에서 가장 안정적인 수혜 업체라고 볼 수 있다.

이 두 업체는 한국 시장 커리어를 기반으로 2010년 초·중순에 중국에 진출하였고, 현지 로컬 업체들을 대상으로 비즈니스를 전개하면서 차별적인 성장세를 보이고 있다. 현지 업체와 기술 및 Capa 격차가 워낙 크기 때문이다. 코스맥스나 한국콜마처럼 ① 막대한 양의 ② 많은 SKU를 ③ 단기간에 공급할 수 있는 ODM 업체가 중국 현지에는 아직도 없다. 이러한 차별적 경쟁력은 국내 대비 높은 영업이익률을 내는 이유가 되고 있다.

시가총액은 LG생활건강이나 아모레퍼시픽에 대비해서 훨씬 뒤지지만 그건 사업 구조의 차이 때문이다. 화장품 산업 내에서 글로벌 인지도를 본다면 아모레퍼시픽보다 코스맥스나 한국콜마가 위에 있다고 평가할 수도 있다. ODM 업체들의 중·장기 성장 여력이나 투자가치도 웬만한 브랜드 업체들보다 높다. 따라서 한국 화장품 시장에 대한 이해와 제대로 된 전망을 위해서는 ODM 시장에 대한 이해가 필수적이다.

과거에는 브랜드 업체들의 실적이 좋지 못한 경우 어느 정도 ODM 업체들에게 가격 전가가 이루어졌지만 벤처 브랜드 비중이 상승하면서 신규 바이어 풀이 확대되고 ODM 업체들의 시장 내 지위가

상승하면서 가격 전가가 만만치 않게 되었다. 글로벌 화장품 ODM 1
위 코스맥스는 아모레퍼시픽 제품을 생산하고 있지 않다.

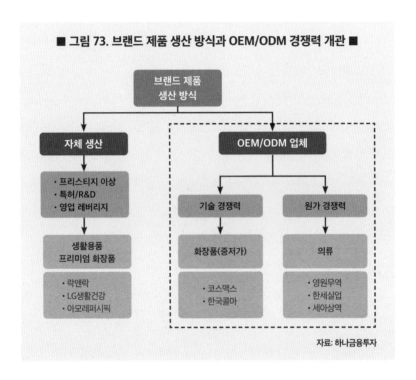

■ 그림 73. 브랜드 제품 생산 방식과 OEM/ODM 경쟁력 개관 ■

자료: 하나금융투자

영업이익률 10%를 넘기 힘든 이유

브랜드 업체들의 영업이익률은 영업 레버리지 효과로 지속적인
수익성 개선을 도모할 수 있다. LG생활건강 화장품 부문 영업이익률
은 럭셔리 브랜드 후 매출 비중 상승으로 2013년 14%에서 2018년에

는 20%까지 상승한 바 있다. 하지만 ODM 업체들은 산업 고유의 성격에 의해 영업이익률이 높지 않다. 그 이유는 4가지다.

첫째, 브랜드 업체와 달리 특별한 브랜드 로열티가 없기 때문이다. 코스맥스가 기술력이 우수한 것은 사실이지만 반드시 코스맥스에 생산을 의뢰해야 할 이유는 없다. 특히 OEM의 경우 가격 조건에 따라 언제든지 다른 업체와 계약할 유인을 갖고 있다. 이에 따라 ODM 업체 역시 기술력 제고로 원가율을 낮출 수 있을 때 영업이익률을 올리기보다 가격 경쟁력을 제고하여 고객사를 추가로 확보하는 경향이 있다. 외형 확대로 이익 증대를 도모하는 것이다. 볼륨과 평판이 중·장기적인 성장성을 확보할 수 있는 기본 요소이기 때문이다. 아울러 영업이익률 상승이 고객사로부터 추가적인 마진 하락의 압박으로 이어질 수 있기 때문이기도 하다. 비상장 ODM 업체들은 상장 시 회사 수익성이 공개되는 것에 대해 상당한 부담을 느낀다.

둘째, 주로 저마진 상품을 ODM으로 맡기기 때문이다. 아모레퍼시픽은 라네즈 이하 색조 화장품에 대해 주로 아웃소싱한다. 프리미엄 제품에 비해 생산 효율성이 떨어지기 때문이다. 일반적으로 화장품 ODM 시장은 색조 시장 성격이 짙다. 색조는 기초 화장품에 비해 원가율이 높다. 한국은 원브랜드숍이라는 독특한 비즈니스 모델 때문에 ODM 업체들의 매출에서도 기초 비중이 상대적으로 높지만, 이건 예외적인 경우다.

특히 이제 필수 카테고리로 자리 잡은 마스크팩은 색조/중저가 제품 가운데 가장 마진이 낮은 상품으로 꼽힌다. 마스크팩의 내용물은 에센스다. 원래 기초/고마진 제품에 속하지만 마스크팩 제품이 되면서 중저가 제품이 된다. 에센스 제품은 일반적으로 50ml 정도에 럭셔리 브랜드는 10만 원 내외다. 그런데 마스크팩 1장에 20ml의 에센스가 사용된다. 설화수 윤조 에센스 60ml 1병의 가격은 7만 원 정도인데, 설화수 마스크팩 1장의 가격은 8천 원 수준에 불과하다. 에센스 용량만 보게 되면 최소 2만 원은 받아야 한다. 그래서 마스크팩은 소비자 입장에서는 가격 대비 효용이 가장 좋은 화장품 품목이지만, 화장품 업체 입장에서는 수익성이 낮을 수밖에 없다.

셋째, 다품종소량생산 제품이 많기 때문이다. 색조 화장품은 대표적인 다품종소량생산 제품이다. 자동화 설비가 제한적이고, 컨베이어 벨트에 생산인력이 배치되어 제품을 포장하는 경우가 대부분이다. 원가율이 높아질 수밖에 없다. 최근 사업 규모가 커지고, 특히 중국 수요가 증가하면서 자동화가 빠르게 진행되고 있다. 단일 제품의 초도 주문량이 국내 브랜드 업체보다 10배 이상인 경우도 많다. 이러한 자동화 경향은 중·장기적으로 수익성 개선에 긍정적이며 높은 진입장벽으로 작용할 수 있다.

넷째, 가동률이 낮기 때문이다. 일반적으로 가동률은 70% 수준을 넘지 않는다. 화장품 ODM 산업은 B2B 비즈니스이기 때문에 여러 바이어에게 납품을 한다. 바이어 입장에서는 가동률이 너무 높으면 신규 주문을 꺼리게 된다. 자신이 원하는 제품의 물량을 원하는 날짜에 하자 없이 납품받을 수 있을지 불안하기 때문이다. 아울러 초과근무도 어렵다. 8시간 3교대 근무와 같은 초과 근무를 통해 생산된 제품의 하자 가능성 때문이다. 심지어 인권침해를 논하기도 한다. 로레알 같은 글로벌 브랜드는 아웃소싱에 관한 자체 규정에 가동률과 초과 근무 제한 항목이 별도로 있을 정도다.

따라서 ODM 업체들에 대한 투자 판단 기준은 영업이익률보다 Capa 증설과 매출 성장률에 초점을 맞추는 것이 바람직하다. 아울러 투자 회수기 진입을 가정하더라도 수익성 개선 폭은 크게 잡으면 실망할 가능성이 크다. 영업이익률이 떨어지는 상황에서 매출 증가율이 높은 것은 불경기에 가동률 상승을 목적으로 저마진 상품 비중을 늘린 것으로 판단할 수도 있다. 단기적인 실적에 아쉬움은 있을 수 있지만 부정적으로 볼 필요는 없다. 만일 수익성은 좋아지는데 매출 증가율이 크게 둔화되거나 역신장한다면 오히려 의심스럽게 봐야 한다. ODM 업체들은 웬만하면 그런 정책을 펴지 않는다.

화장품 ODM 업체들 사업 확장의 기회

온라인화로 기술 진입장벽이 높은 화장품 ODM 업체들은 P(가격)가 유지되는 가운데 Q(판매량)가 증가하면서 성장성과 수익성 제고를 도모할 수 있다. 여기서 판매량의 증가는 2가지 요인 때문에 발생한다.

첫째, 소비 밸류체인 시작점에 있는 가계 소비량이 증가하기 때문이다. '온라인화=ASP 하락'이라고 정의한 바 있는데, 가계 예산이 변하지 않는다면 판매량이 증가한다는 것을 의미한다.

둘째, 진입장벽이 높기 때문이다. 시장 수요가 증가하더라도 진입장벽이 낮다면 신규 사업자가 출현하면서 파이를 나눠 갖게 될 것이다. 기존 업체들의 수혜 폭이 제한적일 수밖에 없다. 전술한 바와 같이 화장품의 경우 기술 진입장벽이 높아서 수요 증가가 상위 업체로 집중도를 높이는 경향이 있다. 코스맥스와 한국콜마는 2010년 이후 한국 화장품 시장 성장률을 항상 웃도는 실적 개선세를 보여 왔다.

온라인화는 ASP 하락인데 ODM 업체들의 P(가격)가 유지되는 것은 '협상력' 때문이다. 앞서 말했듯이 전방 산업인 브랜드 업체들은 온라인화로 양극화가 심해진다. 설화수/후는 P가 유지되지만 브랜드력이 열위에 있는 미샤/더페이스샵/이니스프리는 P가 하락하게 된다. 이게 생산자인 ODM 업체로 넘어오게 되는 것인데, 예를 들어 설화수같이 브랜드력이 높은 제품을 생산한다면 브랜드 업체에서 P가 유지되므로 ODM 업체들의 P가 유지되는 것은 당연하다. 물론 설화수와 후는 알기 쉽게 설명하기 위한 예일 뿐 실제로 설화수와 후는 모두 브랜드 업체들이 자체 생산한다. 색조 제품은 프리미엄 제품이라도 ODM을 맡기는 경우가 많다. 예를 들어 랑콤과 입생로랑, 나스NARS, 록시땅의 쿠션이나 파운데이션, BB크림 등은 코스맥스나 한국콜마에서 생산하고 있다.

문제는 바이어가 브랜드력이 열위에 있는 업체들일 경우다. 이들은 유통 업체들로부터 ASP 하락에 대한 가격 전가 압력을 받기 때문에 마진 보전을 위해서 홀세일 가격이 하락하는 것만큼 ODM 업체들한테 납품 가격 하락을 요구할 수 있다. 하지만 코스맥스와 한국콜마

■ 그림 74. 한국콜마 주요 바이어 ■

자료: 한국콜마, 하나금융투자

■ 그림 75. 코스맥스 주요 바이어 ■

자료: 코스맥스, 하나금융투자

같은 1~2위 업체는 굳이 이 요구를 들어줄 필요가 없다. 신규 고객사
풀이 계속 확대되고 있기 때문이다. 한정된 생산 Capa를 효율적으로

활용하기 위해서 고객사를 전환할 수도 있다.

물론 이건 상당히 도식적인 이야기다. 매출 비중이 큰 바이어를 일시적으로 수익성이 낮다고 함부로 물량을 줄이거나 다른 고객사로 전환하는 것은 쉽지 않다. 생산 라인을 변경할 때의 기회비용도 만만치 않고, 대형 고객사와 중·장기적인 신뢰도 생각해야 한다. 코스맥스 상해 법인의 경우 중국 대형 브랜드 B사의 사업 규모 확대로 최대 수혜를 누리면서 B사 향 매출 비중이 40%에 이르렀지만, B사 브랜드 인지도와 매출이 떨어지면서 나중에 큰 실적 부담으로 작용했다. 브랜드는 아무리 브랜드력이 좋아도 미국 자동차 시장의 렉서스처럼 예상치 못한 이슈로 한순간에 망가질 수 있고, 중저가 브랜드들은 워낙 트렌디하기 때문에 매출의 연속성을 담보하기 어렵다.

2014~15년 중국 시장에서 인기를 끌었던 달팽이크림이나 마유크림을 지금은 찾는 사람이 없고, 2018년 JM솔루션의 꿀광마스크팩도 마찬가지다. 그래서 ODM 업체들은 한 고객사에 의존도가 지나치게 높아지는 것을 경계한다. 애널리스트들도 ODM 업체들의 TOP5 또는 TOP10 기업의 판매 동향을 살피면서 실적 불확실성을 체크한다.

7장

컨슈머 업종
투자자를 위한
조언

온라인화 10년의 결과

　이제 정리해 보자. 우리는 쿠팡이 5천억 원 이상 영업적자를 내고서도 PSR 4배 이상 말도 안 되는 밸류에이션에 상장되는 모습에 당황했지만, 온라인 유통 시장 특성과 절대적 시장점유율의 가능성 때문에 아마존이나 오카도처럼 PER 100배가 넘는 밸류에이션이 성립될 수 있음을 논증했다.

　이어서 쿠팡은 그렇게 큰 매출에도 어떻게 이익을 낼 수 없는지에 대해 의문을 갖게 되었다. 근본적인 원인은 온라인화가 곧 ASP 하락을 의미하는 것이기 때문이다. 스마트폰 보급률이 확대되면서 온라인 유통 시장은 새로운 전기를 맞이하게 되었는데, 소비자와 유통 업체, 브랜드 업체 모두에게 ASP 하락 유인이 있었다. 특히 온라인 유통 시장은 '진입장벽'과 '마진'이라는 유통 시장의 두 기본적인 가정이 깨지면서 BEP를 넘기 힘든 완전경쟁시장으로 변해 갔다. 네이버와 SKT 등 이종 산업에서 이미 막대한 집객을 확보한 1등 업체들이 유통 사업을 '도구화'하면서 이런 현상은 더욱 짙어졌다. 아무리 매출이 증가해도 유통 사업 자체만으로는 이익을 내기 어려워진 것이다.

이러한 온라인화로 인한 ASP 하락은 소비시장을 왜곡시켰다. 소비 밸류체인상 경제주체들인 가계-유통 업체-브랜드 업체-OEM/ODM 업체들은 긍정과 부정의 효과가 혼재했다. 이들 각 경제주체들의 특성과 함께 어떻게 사업 환경을 변화시켰고, 그 안에서 개별 업체들의 펀더멘털이 어떻게 변했는지 자세히 살펴보았다.

가계는 온라인화의 최대 수혜자다. 한정된 예산으로 낮은 가격에 더 많은 재화를 소비할 수 있게 됐기 때문이다. 2013년 이후 소비자 물가는 경제성장률과 무관하게 1% 내외에서 10년 동안 하향 안정화돼 있었다. 유통 업체는 가장 큰 피해자다. P와 Q가 모두 하락하면서 성장성과 수익성이 떨어지게 되었다. 온라인화로 인한 ASP 하락은 기본적으로 유통 시장 경쟁 심화 때문에 발생하는 현상이기 때문에 유통 마진을 훼손하게 되었다.

온라인의 오프라인 채널 침투는 카테고리 표준화 정도에 따라 시차를 두고 발생했다. 가장 표준화가 잘돼 있는 PC/가전부터 생활용품/의류/화장품, 식품 카테고리까지 확장되었다. 이에 따라 가전 양판, 백화점, 대형마트가 순차적으로 위축되었다. 롯데하이마트는 고유의 사업 구조 제약 때문에 미국의 베스트바이가 되지 못했다. 롯데쇼핑/신세계/현대백화점 등 백화점 업체들은 외형은 물론 수익성에서 피해가 컸지만, 미국과 일본 백화점에 비하면 건재한 모습이다. 대형마트는 식품 온라인 시장이 커지면서 오프라인 점포의 의미가 재부각되었는데 식품 온라인 시장 패권을 누가 가져가느냐에 따라 희비가 엇갈리고 있다.

한국 온라인 유통 시장은 다른 주요 국가와 달리 상당히 파편화돼 있었고, 이는 네이버 같은 가격 비교 사이트에게 기회로 작용했다. 하지만 쿠팡이 어마어마한 투자와 마케팅 확대를 통해 역마진과 MS 확대 전략을 지속하면서 시장 재편의 시기로 접어들었다. 홈쇼핑 업체들은 마케팅을 축소하고 TV 상품과 시너지를 추구하는 정도로 전선을 내렸다. 네이버는 이미 막대한 영업이익이 쇼핑 관련 트래픽에서 발생하고 있기 때문에 시장 재편을 좌시할 수 없었는데 전향적인 페이백 서비스를 도입하고 라이브커머스, 스마트스토어, 풀필먼트 서비스 등으로 오픈마켓의 Lock-In 한계를 극복하고 있다.

이에 따라 한국 온라인 유통 시장은 막강한 바잉 파워와 배송 서비스를 기반으로 한 쿠팡, 국내 최대 온라인 유통 플랫폼으로서 네이버, 국내 최대 식품 온라인 유통 업체로서 이마트, 이렇게 삼국시대로 전개되고 있다. 그 밖에 온라인 유통 업체들의 경우 대기업 모회사의 도구적 용도가 아닌 이상 자체적인 역량으로 기업가치를 제고하기에는 어려워 보인다. 티몬, 위메프뿐만 아니라 마켓컬리까지 수익 창출 가능성과 M&A 가치를 평가하기 쉽지 않다는 판단이다.

브랜드 업체들은 온라인화로 양극화가 심화되었다. 브랜드력이 높은 LG생활건강/로레알/에스티 로더/아모레퍼시픽 같은 업체들은 P가 유지되는 가운데, Q가 증가하면서 성장성과 수익성이 모두 제고되었다. 반면에 브랜드력이 떨어지는 에이블씨엔씨/더페이스샵/LF와 같은 업체들은 P와 Q가 모두 하락하면서 성장성과 수익성이 모두 훼손되었다. 브랜드력이 높은 업체들에 대해서는 유통업체들이 ASP 하락을 전가할 수 없었지만, 브랜드력이 떨어지는 업체들에게는 가격 전가가 가능했기 때문이다.

온라인 쇼핑에서 소비자들은 브랜드력이 낮은 제품을 더 싸게 사는 것보다 평소에 사고 싶었던 제품을 10~20% 싸게 사는 것을 더 선호한다. 가격이 함께 하락해도 브랜드력이 높은 업체들은 Q가 증가하고, 브랜드력이 낮은 업체들은 Q가 하락하게 되었다. 아울러 온라인화로 소비의 국경선이 낮아지면서 브랜드력이 높은 업체들은 해외 진출이 더 용이하게 되었고, 글로벌 브랜드 업체들의 해외 사업이 탄력을 받게 되었다. 반면에 브랜드력이 낮은 업체들은 온라인화로 진입장벽이 낮아지고 벤처 브랜드들이 우후죽순 생겨나면서 더욱 치열한 경쟁 상황에 놓이게 되었다.

소비 밸류체인의 맨 끝에 있는 OEM/ODM 업체의 경우 기술진입장벽이 높은 대형 화장품 ODM 업체들은 P가 유지되는 가운데 Q가 증가하면서 성장성과 수익성을 제고할 수 있게 되었다. 전반적인 소비량이 증가했을 뿐 아니라 온라인·벤처 시대로 브랜드 시장 경쟁이 치열해지면서 고객사 풀이 넓어졌기 때문이다. 협상력이 높아지면서 브랜드력이 높은 업체 향뿐 아니라 브랜드력이 낮은 업체 향 납품 가격을 모두 유지할 수 있었다. 브랜드력이 낮은 업체들은 유통 업체로부터 가격 인하 압력을 받으면서도 ODM 업체들에게 가격 전가가 어렵게 되어 이중고를 겪고 있다.

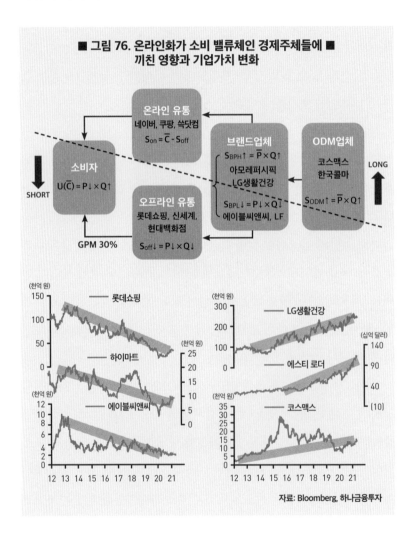

■ 그림 76. 온라인화가 소비 밸류체인 경제주체들에 ■ 끼친 영향과 기업가치 변화

자료: Bloomberg, 하나금융투자

274

지난 10년간 컨슈머 시장은 온라인화의 거대한 파고 위에서 개별 기업들의 펀더멘털이 휘청거리는 구조적 변화의 시기였다. 소비 밸류체인 위에 있는 수많은 유통/브랜드/ODM 업체는 온라인화로 인한 ASP 하락과 그에 따른 역학 관계의 변화를 겪으면서 사업 규모와 수익성의 레벨다운과 레벨업을 경험했다. 구조적인 측면에서 보면 오프라인 유통 업체들과 브랜드력이 열위에 있는 브랜드 업체들은 지속적인 실적과 주가의 부진을 보였다. 롯데쇼핑과 현대백화점, 이마트와 LF, 에이블씨엔씨 같은 업체들의 시가총액은 2011년이나 2012년 대비 대체로 절반 이하로 떨어졌다.

반면에 브랜드력이 높은 업체와 메이저 화장품 ODM 업체들은 사업 규모를 크게 확장했다. 국내는 물론 해외 사업을 확대하면서 성장 여력을 높였다. LG생활건강이나 아모레퍼시픽은 물론 로레알과 에스티 로더, 나이키 등 브랜드 업체들과 코스맥스와 한국콜마 등 ODM 업체들의 시가총액은 2011년 대비 모두 3배 이상, 10배까지도 상승했다.

온라인 유통 업체 가운데 중소형 유통 업체들은 도태되고 있지만, 쿠팡과 네이버 등 메이저 온라인 유통 업체들은 기존 밸류에이션 툴로는 설명하기 어려운 높은 수준으로 재평가되고 있다. 소비 밸류체인 상에서 보면 지난 10년 동안 10시에서 4시 방향으로 사선을 그었을 때 아래쪽은 쇼트**Short**, 그 위쪽은 롱**Long** 포지션이었던 것이다.

컨슈머 투자의 3가지 원칙

첫째, 오프라인 대형 유통 업체들은 트레이딩 관점에서 접근하는 것이 바람직하다. 국내에 한정된 비즈니스에 의한 성장성 둔화, 브랜드 소비 확대에 따른 협상력 약화, 온라인화에 의한 성장성과 수익성 저하는 여전히 진행 중이며, 이는 점진적인 밸류에이션 하락 근거가 된다.

2000년대 중반 대형마트, 2010년 초반 백화점 호황기, 이마트(당시 신세계)와 롯데쇼핑, 현대백화점 등 각 채널 대표 업체들은 12MF**Month Forward** PER 15배 내외 주가를 형성하면서 KOSPI 대비 50% 이상 밸류에이션 프리미엄을 받았다. 하지만 지난 10년 동안 사업 환경 변화로 이제 백화점과 홈쇼핑 업체들은 12MF PER 10배 적용도 부담스러워

하는 분위기다. 따라서 이 업체들에 대한 투자는 특별한 변화가 없는 한 적정 밸류에이션 상승이 대단히 어렵다는 점을 전제하고 경기적인 관점에서만 접근해야 한다.

2~3년에 한 번씩 경기적인 사이클에 의해 백화점 실적이 좋아질 때가 있다. 실적이 좋아지면 당연히 주가는 오른다. 어느 정도 주가가 오르면 투자자들은 이번 사이클에서 주가 상단이 얼마일까 궁금해한다. 롯데쇼핑과 현대백화점 등 오프라인 대형 유통 업체들의 주가 측면에서 특징 중 하나는 PBR^{Price Book Value Ratio}가 낮다는 점이다. 현대백화점은 PBR 0.4배, 롯데쇼핑은 0.3배도 되지 않는다. 토지와 건물 등 막대한 부동산을 갖고 있지만 이익 규모가 떨어지면서 ROE가 크게 하락했기 때문이다. PBR가 1보다 낮다는 말은 지금 회사가 갖고 있는 순자산 가치보다도 주식시장에서 평가를 받고 있지 못하다는 말이다. 논리적으로는 대단한 저평가다. 0.4배에 인수해서 모두 매각하면 100% 이상 수익을 기록할 수 있을 테니 말이다.

그래서 백화점 업황과 실적이 좋아지고 주가가 상승하면 자산가치 재평가 등을 언급하면서 Re-rating 가능성을 제기하곤 한다. 어느 정도 주가가 상승하면 PER 밸류에이션으로 추가 상승 여력을 말하기 어려우니 PBR 밸류에이션을 끌어오는 것이다. 그런데 그때가 항상 주가는 정점이었다. 밸류에이션 방식은 쉽게 바뀌지 않는다. 단순 PER 멀티플을 적용하다가 SOTP^{Some Of The Parts} 방식으로 전환하거나 PBR 멀티플을 들먹거린다면 주가 상단을 올리기 위한 구실인 경우가 대부분이다.

오프라인 유통 업체에 투자할 때는 2가지를 명심해야 한다. 우선, 밸류에이션 저점에서 매수해야 한다. 밸류에이션 상단에서 매수할 경우 EPS 증가에도 불구하고 중장기적인 밸류에이션 하락으로 주가 회복이 대단히 더딜 수 있다. 주가가 어느 정도 오른 상태라면 미련을 버리는 게 바람직하다. 밸류에이션 상단이 막혀 있기 때문에 주가 상승 여력이 제한적이다. 아울러 단기 트레이딩 관점에서 접근해야 한다. 저점에서 매수하고 20% 내외 수익을 낸 후에는 차익을 실현하는 것이 바람직하다. 장기 보유할 경우 EPS 증가에도 불구하고 주가 상단의 지속적인 하락으로 기존 수익률이 오히려 훼손될 수 있다.

■ 그림 77. 주요 오프라인 유통 업체들의 합산 시가총액과 ■ 영업이익 추이

주: 유통 업체 시가총액은 롯데쇼핑/이마트/신세계/현대백화점/롯데하이마트 시가총액을 지수화한 것임

자료: Bloomberg, 하나금융투자

둘째, 시간과 공간의 경계를 넘을 수 있는 컨슈머 기업을 찾아야 한다. 온라인화로 시간과 공간의 벽이 무너졌다. 그동안 높은 잠재 수요나 성장 여력에도 불구하고, 시간과 공간의 제약으로 사업 확장이 어려웠다면 온라인화는 족쇄를 풀어 준 꼴이 된다. 글로벌 브랜드 업체들이 대표적이다. 해외 진출이 훨씬 수월해졌고, 가격 경쟁력은 높아졌으며, 비용 부담은 오히려 줄어들었다. 브랜드력만 있다면 언제 어디든지 진출해서 성장성과 수익성 제고를 도모할 수 있게 되었다. 금상첨화로 중국 소비시장 확대와 브랜드화는 글로벌 브랜드들의 사업 규모 확대에 엘도라도가 되었다.

중국 럭셔리 소비시장은 빠르게 성장하고 있다. 2020년 중국 화장품 소매 판매 시장은 YoY 15% 성장했는데, 매스 시장은 YoY 5%, 프리스티지/럭셔리 시장은 YoY 30% 성장한 것으로 추산한다. 로레알과 에스티 로더 등 글로벌 화장품 럭셔리 브랜드 업체들의 실적 개선은 아시아, 특히 중국 지역이 견인하고 있다. 중국 다음에는 동남아와 인도 시장이 있다. 물론 지역마다 기후와 피부가 다르지만, R&D 역량이 크다면 오히려 기회 요인이다. 온라인화로 시간과 공간의 장벽이 허물어지면서 글로벌 브랜드 업체들의 실적에 탄력이 붙고 있다. 높은 브랜드 로열티를 기반으로 진입장벽을 형성하면서 아시아 소비시장 확대의 최대 수혜를 누리고 있는 것이다.

이러한 브랜드 업체들의 특징은 밸류에이션 프리미엄으로 작용하고 있다. 실제로 글로벌 톱 브랜드라고 할 수 있는 로레알이나 나이키의 경우 밸류에이션이 계속 상승하고 있다. 10년 전에는 PER 20배

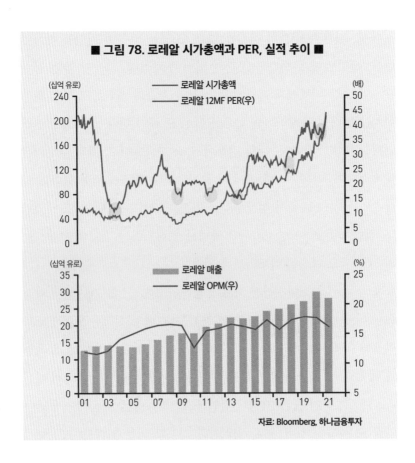

■ 그림 78. 로레알 시가총액과 PER, 실적 추이 ■

(십억 유로) | 로레알 시가총액 | (배)
로레알 12MF PER(우)

(십억 유로) | 로레알 매출 | (%)
로레알 OPM(우)

자료: Bloomberg, 하나금융투자

도 부담스럽다고 했지만 요즘은 모두 30배 이상이다. 실적 개선뿐 아니라 밸류에이션 상승에 의한 추가적인 투자 수익을 거둘 수 있었다는 말이다.

물론 국내외 브랜드들 사이에 치열한 경쟁이 예상되는 만큼 성공 가능성을 예단하기는 쉽지 않다. 해당 지역의 브랜드 인지도와 시장 점유율을 계속 모니터링해야 한다. 특히 중저가 매스 카테고리 비중이 높은 업체들은 진입장벽이 낮고, 트렌디하기 때문에 실적 연속성을 기대하기 힘들다. 예를 들어 클리오의 프로 아이 팔레트가 올해 중국에서 크게 히트를 쳤다고 해서 내년에도 그 실적이 이어질 것이라고 기대하기 어렵다. 중장기 실적 추정치를 그대로 올릴 수 없다. 계속 실적 추이를 살펴야 한다.

아울러 브랜드 사업은 브랜드 본국에서 인지도가 전제되어야 한다. 국내에서 브랜드 인지도가 제한적인 상황에서 중국 지역 매출이 크게 증가했다면, 중간 유통상의 역량이나 왕홍 마케팅에 의한 일시적 현상일 가능성이 크다. 제이준 코스메틱/에스디생명공학/리더스코스메틱의 마스크팩, 잇츠한불의 달팽이크림, 신세계인터내셔날의 비디비치 등이 여기에 해당하는 대표적인 제품들이다.

반면에 럭셔리 브랜드는 그 반열에 오르기는 어렵지만 한 번 트랙에 올라타면 소비자들의 브랜드 로열티가 높기 때문에 실적 가시성과 연속성이 높다. 설화수 자음생 에센스가 중국 론칭 이후 매출이 빠르게 올라오고 있다면, 2022년은 물론 2023년 실적 추정치도 상향 조정할 수 있다. 브랜드 로열티를 엿볼 수 있는 잣대는 소비의 가격 탄력성이다. 럭셔리 브랜드는 소비의 가격 탄력성이 낮다. 명품 가방들처럼 가격을 올려도 수요가 변하지 않는다. 2019년까지는 아모레퍼시픽 설화수의 중국 내 브랜드력에 대해서 확신을 갖지 못했다. 하지만 2020년 말부터 기존 윤조 라인 대비 가격이 100달러나 높은 자음생 라인 매출이 빠르게 증가하면서 설화수의 판매 실적 개선을 견인하고 있다. 설화수의 낮은 가격 탄력성이 입증됐고, 설화수의 대

중국 브랜드력에 신뢰가 높아지면서 중장기 실적 추정치가 상향 조정되고 있다.

네이버와 카카오, 쿠팡과 같은 온라인 유통 업체들도 시간과 공간의 제약을 벗어나 사업 영역을 넓히고 있는 업체들이다. 네이버는 국내 최대 포털 사이트이고, 카카오는 국내 최대 SNS 카카오톡을 통해 막대한 고객 베이스를 확보한 플랫폼 업체다. 다양한 신규 사업을 통해 사업 규모가 어느 정도까지 커질지 감히 예측하기 힘든 업체들이다. 쿠팡도 결국 플랫폼을 지향한다고 볼 수 있다. 네이버와 카카오는 플랫폼 업체가 되면서 유통 사업을 시작했지만, 쿠팡은 유통 사업을 통해 플랫폼 업체가 되려고 한다.

이런 업체들에 투자할 때 주의할 점은 밸류에이션이 어렵다는 것이다. 현재 사업만으로 기업가치를 평가한다는 것은 플랫폼 성격을 무시한 과소평가가 될 수 있고, 그렇다고 규모가 작은 신규 사업과 아직 시작도 하지 않은 사업의 가치를 함부로 평가하는 것도 무리다. 그래서 애널리스트들 입장에서는 적정 주가를 산출하기 상당히 곤혹스런 회사들이다.

쿠팡도 이 범주에 들어가 있다. 쿠팡의 2021년 1분기 거래액은 YoY 80% 이상 증가한 것으로 추산하는데, 같은 기간 한국 이커머스 시장이 YoY 21% 성장한 것을 감안하면 시장점유율은 18.7%(YoY 6.1%p)까지 상승한 것이다. 영업적자 폭이 커졌지만 주가는 오히려 오르고 있다. 시장점유율이 예상보다 가파르게 상승하면서 한국 온라인 유통 시장 패권을 잡아 가고 있는 만큼, 기업가치 제고에는 오히려 긍정적으로 작용하는 것이다. 상장과 함께 자본금이 3조 5천억 원 이상으로 늘어나 여유가 생겼기 때문에 신규 투자와 마케팅 확대를 통해 시장 재편을 도모할 가능성이 크다. 즉 당분간 쿠팡은 수익성보다 외형 확대에 주력할 것으로 예상된다. 당분간 영업손실 폭이 줄어들 것이라고 기대하기 어렵다는 말이다. 영업적자가 수천억 원이나 되는 회사의 기업가치를 평가한다는 것 역시 상당히 부담스러운 일이다.

그래서 이런 기업들은 유동성과 이슈에 따라 주가 변동성이 커질 수 있다. 유동성이 좋을 때는 "미래를 모른다."라는 말이 수많은 가능성으로 포장되지만, 유동성이 좋지 않을 때는 불확실성 요인으로 둔갑할 수 있다. PBR가 낮은 기업들은 청산가치가 주가의 하방경직성을 어느 정도 담보하지만, 네이버와 쿠팡 같은 고밸류에이션 업체들은 그런 '장치'가 없기 때문에 주가 하락 폭이 상대적으로 훨씬 클 수 있다.

네이버와 카카오는 수익이라도 내고 있지만, 쿠팡은 대규모 영업손실 상태다. 전체 주식시장 변동성에 더 취약할 수 있다. 따라서 이런 기업에 투자할 때는 산업의 방향과 기업에 대한 더 면밀한 분석과 확신이 필요하다. 경영진의 비전을 충분히 공유하고 공감하고 있어야 한다. 그렇지 않다면 주가가 급락할 때 흔들리지 않고 버티기 어렵다.

셋째, 변화에 대한 대응이다. 기업은 유기체와 같다. 사업 환경이 변화할 때 모든 기업은 거기에 대응하고 사업 구조에 맞게 변화하면서 생존한다. 구조적으로 악화되는 환경에서도 성장하는 회사들이 있고, 그 반대도 있다. 따라서 구조적인 접근은 특유의 도식화 때문에 일반화의 오류를 범할 수 있다.

지금까지 온라인화라는 사업 환경의 구조적인 변화를 살펴봤는데 합리적인 투자자라면 그 변화에 각 개별 업체들이 어떻게 대응하면서 생존과 성장의 기회를 찾고 있는지 분석해 봐야 한다. 지난 10년이 급격한 사업 환경 변화와 기존 사업 구조 한계 때문에 펀더멘털 훼손이 속수무책으로 불가피한 시기였다면, 이제 충분히 변화를 인정하고 적응하고 자신의 강점과 약점, 기회와 위기를 객관적으로 인식하고 대응할 수 있을 때다.

어떤 의미에서 코로나19 사태는 전열을 가다듬을 수 있는 계기가 됐을 수 있다. 오프라인 점포 스크랩과 조직 쇄신 등 각 기업의 사업 구조조정은 정당성을 갖게 되었다. 대형마트의 비효율화로 지속적인 실적과 주가 부진을 경험했던 이마트는 식품 온라인 사업으로 주목받더니 이베이코리아 인수로 순식간에 한국 유통 시장점유율 1위 업체가 되었다. 중·저가 매스 비중이 높아 2016년 이후 어닝쇼크를 거듭하던 아모레퍼시픽이 치열한 구조조정 끝에 언제부턴가 어닝서프라이즈를 내기 시작했다. 신세계는 면세점 사업을 성공적으로 안착시켜 경쟁사 대비 높은 밸류에이션을 받게 되었다. 물론 앞으로 이 업체들의 실적과 주가가 어떻게 될지는 모른다. 하지만 분명히 변한 것은 사실이고 변화는 항상 투자 기회를 준다.

구조적인 측면에서 전술한 롱/쇼트 투자 전략은 여전히 유효하다.

하지만 이제 마이크로적인 경영진의 역량과 전략이 그에 못지않게 중요해지는 때가 되었다. 사업도 마찬가지지만 투자 역시 디테일에서 수익률 차이가 크게 벌어진다. 중국 화장품 소비가 회복된다고 할 때 각각 아모레퍼시픽과 애경산업에 투자한 사람의 투자 수익률은 큰 차이가 났을 것이다. 두 회사 모두 중국 사업 매출 비중이 높지만 중국 내 브랜드 인지도와 실적 추이에서 격차가 크기 때문이다. 산업 구조의 변화와 함께 개별 업체들의 디테일을 함께 살필 수 있어야 더 훌륭한 투자 결과를 기대할 수 있을 것이다. 악마가 디테일에 있듯 큰 투자 수익도 디테일에 있다.